Dieter Pentzek / Der freie Wechselkurs

Volkswirtschaftliche Schriften

Herausgegeben von Dr. J. Broermann, Berlin

Heft 71

Der freie Wechselkurs

Theoretische Untersuchung der Möglichkeit eines
Überganges zu einem neuen Wechselkurssystem

Von

Dr. Dieter Pentzek

DUNCKER & HUMBLOT / BERLIN

Alle Rechte vorbehalten
© 1963 Duncker & Humblot, Berlin
Gedruckt 1963 bei Berliner Buchdruckerei Union GmbH., Berlin 61
Printed in Germany

Inhaltsverzeichnis

A. Wechselkurssysteme 9

    I. Definition des Wechselkurses 9

    II. Der feste Wechselkurs 10

        1. Definition und Wirkungsweise des festen Wechselkurses 10

        2. Genügt der feste Wechselkurs noch den heutigen Anforderungen? 13

    III. Der begrenzt schwankende Wechselkurs 17

        1. Definition und Wirkungsweise des begrenzt schwankenden Wechselkurses 17

        2. Der begrenzt schwankende Wechselkurs als Übergangslösung 19

    IV. Der freie Wechselkurs 20

        1. Definition und Wirkungsweise des freien Wechselkurses 20

        2. Die bisherige Bewährung des freien Wechselkurses und die Frage seiner Wiedereinführung 22

B. Das Für und Wider des Überganges zu freien Wechselkursen 25

    I. Vorteile des freien Wechselkurses im Vergleich zum festen Wechselkurs 25

        1. Vorteile im Zusammenhang mit dem internationalen Handels-, Kapital- und Kreditverkehr 25

            a) Automatischer Zahlungsbilanzausgleich 25

            b) Keine Vorwände für staatliche Interventionen zum Zwecke des Zahlungsbilanzausgleichs 28

            c) Einbahnspekulation risikovoller 30

2. Vorteile im Zusammenhang mit Problemen der Wirtschaftspolitik 32

   a) Häufigere kleinere statt seltener schwerwiegender Korrekturen 32

   b) Bei Diskontänderungen keine monetär unerwünschten Gegenwirkungen durch die Außenwirtschaft 33

   c) Autonome Konjunktur- und Wirtschaftspolitik möglich 34

   d) Weniger Währungsreserven notwendig 36

3. Vorteile im Zusammenhang mit dem Inflationsproblem 37

   a) Geldmenge und Preisniveau beim Zahlungsbilanzausgleich nicht verändert, nur Preisgefüge 37

   b) Erschwerung einer inflationären Wirtschaftspolitik 38

   c) Keine importierte Inflation 41

II. Einwände gegen den freien Wechselkurs 43

   1. Einwände im Zusammenhang mit dem internationalen Kapital- und Kreditverkehr 43

      a) Große Kursschwankungen 43

      b) Handelshemmnis durch Wechselkursrisiko 44

      c) Erschwerung des kurzfristigen internationalen Kreditverkehrs 46

      d) Erschwerung des langfristigen internationalen Kapital- und Kreditverkehrs 47

      e) Anreiz zur Kapitalflucht 51

   2. Einwände im Zusammenhang mit Problemen der Wirtschaftspolitik 53

      a) Schlagartige Änderungen der Rentabilitätslagen 53

      b) Behinderung der Integration von Wirtschaftsgebieten 54

   3. Einwände im Zusammenhang mit dem Inflationsproblem 55

      a) Wechselkursänderungen können eine Lohn-Preis-Spirale in Gang setzen 55

      b) Inflationstendenzen lassen sich nicht internationalisieren und sind daher stärker spürbar 57

      c) Freie Wechselkurse führen zum Vertrauensschwund in die Währung 58

Inhaltsverzeichnis 7

C. Auswirkungen des Überganges zu freien Wechselkursen 60

    I. Auswirkungen, die von der Zahl der zu freien Wechselkursen übergehenden Länder abhängig sind 60

        1. Ein einzelnes Land geht zum freien Wechselkurs über 60

            a) Das zum freien Wechselkurs übergehende Land ist für den Welthandel unbedeutend 63

            b) Das zum freien Wechselkurs übergehende Land ist für den Welthandel bedeutend oder von ihm stark abhängig 65

        2. Die Hauptwährungsländer gehen zu freien Wechselkursen über 69

        3. Alle Länder gehen zu freien Wechselkursen über 75

    II. Auswirkungen, die von der Art der zu freien Wechselkursen übergehenden Länder abhängig sind 78

        1. Übergang zu freien Wechselkursen durch Industrieländer 78

        2. Übergang zu freien Wechselkursen durch Agrar- und Rohstoffländer 80

    III. Auswirkungen, die von der Art und Weise der Einführung freier Wechselkurse abhängig sind 85

        1. Zeitweilige Einführung begrenzt schwankender Wechselkurse 85

        2. Allmähliche ständige Erweiterung der Bandbreite 86

        3. Sofortige völlige Freigabe des Wechselkurses 87

D. Der freie Wechselkurs, ein Weg zur Herbeiführung einer optimalen internationalen Arbeitsteilung 89

Literaturverzeichnis 93

A. Wechselkurssysteme

I. Definition des Wechselkurses

Der Wechselkurs ist der Preis für inländische Geldeinheiten, ausgedrückt in ausländischem Geld. Hiervon unterscheiden wir den Devisenkurs. Es ist der Preis für ausländische Geldeinheiten, also für Devisen, ausgedrückt in inländischem Geld[1]. Diese Definition weicht von der üblichen ab, die mit Wechselkurs das meint, was wir als Devisenkurs bezeichnen[2]. Wir halten aber unsere Definition, die exakt zwischen Wechselkurs und Devisenkurs unterscheidet, für glücklicher, u. zw. aus folgenden Gründen:

1. Devisenkurs und Wechselkurs können nicht völlig gleichbedeutend gebraucht werden. Sie sind zwar sinnverwandt, jedoch gibt es in der (deutschen) Sprache kein Wort, das ein anderes *vollkommen* ersetzt. Graduelle Bedeutungsunterschiede sind immer vorhanden.
2. Wenn wir nun zwischen beiden Worten unterscheiden, so ist festzustellen, daß der Devisenkurs der „Kurs der Devisen" ist, d. h. er zeigt an, was Devisen bei uns kosten (nicht etwa, was unsere Geldeinheiten in Devisen kosten). Folglich ist der Devisenkurs der Preis für ausländische Geldeinheiten, ausgedrückt in inländischem Geld.
3. Entsprechend dem im vorhergehenden Gesagten ist dann der Wechselkurs der Preis für inländische Geldeinheiten, ausgedrückt in ausländischem Geld.
4. Durch diese Definition des Wechselkurses, die uns formal und logisch exakter als die andere erscheint, erreicht man überdies eine einfachere Terminologie im Zusammenhang mit Änderungen des Wechselkurses.

Nach unserer Definition haben wir bei einer Aufwertung ein Steigen und bei einer Abwertung ein Fallen des Wechselkurses. War das Verhältnis DM:Dollar vor der Aufwertung der DM 5:1, danach aber 4:1, so kostete früher eine DM 20 Cents, nach der Aufwertung aber 25 Cents, der Wechselkurs ist also gestiegen. Umgekehrt bedeutet eine Abwertung der DM ein Fallen ihres Wechselkurses. Bei der

---

[1] Vgl. von Erffa, Dagmar: Wirtschaftslexikon, Frankfurt a. M.-Wien 1954, Stichwort „Wechselkurs".

[2] Vgl. z. B. den Hinweis von Kruse, Alfred: Außenwirtschaft, Berlin 1954, S. 218.

sonst gebräuchlichen Definition des Wechselkurses ist es gerade umgekehrt und daher unnötig kompliziert.

Nun kann man den Wechselkurs aber auch in der Weise definieren, daß man von der historischen Entstehung des Wortes ausgeht. Das Wort „Wechselkurs" bedeutete ursprünglich, daß ein Wechsel zwischen zwei Ländern gehandelt wurde. Der Wechsel des einen Landes hatte dann also einen entsprechenden Kurs (= Wert) in der Währung des anderen Landes. Das Wort „Wechselkurs" hatte also nichts mit dem Einwechseln von Geld zu tun, sondern war abgeleitet von dem Wechsel, dem abstrakten Zahlungsversprechen. Da in diesem Falle der Wechsel im fremden Lande gehandelt wurde (sonst brauchte er ja keinen „Kurs" zu haben), handelte es sich also beim Wechselkurs um den Wert ausländischen Geldes (nämlich des aus dem Ausland kommenden Wechsels), ausgedrückt in inländischem Geld. Demzufolge muß der Wechselkurs als Preis für ausländische Geldeinheiten, ausgedrückt in inländischem Geld, definiert werden.

Da man den Devisenkurs unmöglich als Preis für inländische Geldeinheiten, ausgedrückt in ausländischem Geld, definieren kann (diese Definition könnte logisch kaum begründet werden), müßte man in diesem Falle beide Begriffe als völlig gleichbedeutend gebrauchen oder einen von beiden fallenlassen.

Da halten wir dann doch die von uns vorgeschlagene Definition für glücklicher, zumal die in neuerer Zeit vorgenommene Einführung des Wortes „Devisenkurs" darauf hinzudeuten scheint, daß der Gebrauch des Wortes „Wechselkurs" uneinheitlich war.

II. Der feste Wechselkurs

1. Definition und Wirkungsweise des festen Wechselkurses

Das Kennzeichen fester Wechselkurse ist, daß sie, einmal behördlich festgesetzt, nur noch eine geringe Schwankungsbreite haben. Das Wort „fest" bezieht sich also auf die Schwankungsbreite, die bei den festen Wechselkursen im Gegensatz zu den freien eng begrenzt ist. So erlaubt das Abkommen von Bretton Woods nur eine Bandbreite von ± 1 %, während Auf- und Abwertungen bis zu 10 % ohne weiteres gestattet sind; so betrugen die von den einzelnen Ländern im Rahmen des EWA bekanntgegebenen Bandbreiten ihrer Devisenkurse im Jahre 1960 z. B. bei der DM 1,428 % und bei dem Schweizer Franken 3,545 %[3]. Aus diesem Grunde ist es erklärlich, daß von festen Wechselkursen gesprochen

---

[3] Vgl. Lipfert, Helmut: Nationaler und internationaler Zahlungsverkehr, Wiesbaden 1960, S. 124/125.

II. Der feste Wechselkurs

werden kann, auch wenn in diesem Währungssystem Auf- und Abwertungsmöglichkeiten vorgesehen sind.

Es soll zugestanden werden, daß der Begriff „feste Wechselkurse" unter diesen Umständen nicht ganz glücklich gewählt erscheint, denn theoretisch exakt dürfte ein fester Wechselkurs weder eine Schwankungsbreite haben noch irgendwann einmal verändert werden. Da sich der Begriff aber für diese Art von Wechselkursen eingebürgert hat, wollen wir ihn beibehalten, auch wenn er nicht ganz korrekt ist.

Im System fester Wechselkurse haben die Notenbanken also die Aufgabe übernommen, den Wechselkurs stabil zu halten. Das erreichen sie dadurch, daß sie jede Menge fremder Zahlungsmittel zu einem festen Preis gegen eigene Zahlungsmittel ankaufen und für eigene Zahlungsmittel auch wieder verkaufen. Da auch dem festen Wechselkurs eine gewisse Schwankungsbreite gestattet ist, braucht die Notenbank aber erst einzuschreiten, wenn am unteren oder oberen Interventionspunkt Angebot und Nachfrage immer noch nicht ausgeglichen sind.

Für diesen Zweck braucht die Notenbank einen umfangreichen Gold- und Devisenfonds, um ihre Aufgabe erfüllen zu können. „Bei Passivierung der Leistungsbilanz wird der Abfluß von Gold und Devisen in gleichem Umfang den Umlauf von Notenbankgeld vermindern, da die Importeure, Kreditgeber usw. sich dieses internationale Geld verschaffen. Diese Verminderung des Bargeldumlaufes und die dadurch hervorgerufene Schrumpfung des Giralgeldes wirken deflatorisch. Einkommen und Preise sinken, wodurch ähnlich wie bei der Goldwährung, der endgültige Zahlungsbilanzausgleich gefördert wird... Bei Aktivierung der Leistungsbilanz wird der Zufluß von Gold und Devisen bei der Notenbank wie bei Goldwährung unmittelbar den Umlauf von Bargeld und mittelbar auch die Giralgeldmenge vergrößern. Die so entstandene Einkommensvermehrung und Preissteigerung wirken tendenziell auf den Ausgleich der Zahlungsbilanz hin[4]."

So wird also der Zahlungsbilanzausgleich bei festen Wechselkursen, solange die Störungen kein zu großes Ausmaß annehmen, durch den Geldmengen-Preis-Mechanismus und den Geldmengen-Einkommen-Mechanismus herbeigeführt. Hinzu kommen noch der Zins-Kredit-Mechanismus, der auch im System freier Wechselkurse wirksam werden kann und, zwischen den Interventionspunkten, der Wechselkursmechanismus[5]. Bei chronischen, schwerwiegenden Zahlungsbilanzstörungen allerdings können Inflations- und Deflationskrisen, Exportförderungsmaßnahmen und Importkontingentierungen oder sogar auch Devisen-

---
[4] Kruse, Alfred: a. a. O., S. 207 und 208.
[5] Die Mechanismen des Zahlungsbilanzausgleichs sind ausführlich erklärt bei Kruse, Alfred: a. a. O., S. 172 ff.

zwangsbewirtschaftung die Folge sein, worauf noch im Rahmen der vergleichenden Behandlung des Zahlungsbilanzausgleichs bei freien und festen Wechselkursen eingegangen wird.

In der Theorie findet man zuweilen eine besondere Wechselkursform, die gleichsam eine Abart des festen Wechselkurses darstellt und verschiebbarer Festkurs[6] oder auch variabler Wechselkurs[7] genannt wird. Kennzeichen dieser Wechselkursform soll es sein, daß versucht wird, von Zeit zu Zeit durch Auf- oder Abwertungen den neuen Gleichgewichtswechselkurs zu finden. Nach erfolgter Paritätsänderung muß der Wechselkurs dann wieder innerhalb enger Schwankungsgrenzen stabil gehalten werden, etwa so, wie es im Abkommen von Bretton Woods festgelegt worden ist. Die Unterscheidung solch einer Wechselform in der Art und Weise, wie man es bisher getan hat, ist aber nicht möglich. Die Begründung soll in mehreren Schritten erfolgen:

1. Wie bereits erwähnt, bezieht sich der Ausdruck „fest" auf die geringe Schwankungsbreite der Wechselkurse, nicht auf das Fehlen von Auf- und Abwertungen. Würde „fest" auch bedeuten, daß Paritätsänderungen nie vorgenommen werden dürften, gäbe es gar keine festen Wechselkurse, da in der Praxis kein Wechselkurs ewig fest sein wird.

2. Aus dem eben Gesagten ergibt sich, daß auch bei festen Wechselkursen gelegentliche Paritätsänderungen gestattet sein müssen, wenn es sich dabei nicht nur um eine rein theoretische Wechselkursform handeln soll.

3. Das bedeutet aber, daß keine objektive Unterscheidungsmöglichkeit mehr zwischen festen Wechselkursen und verschiebbaren Festkursen gegeben ist, wenn man letztere Wechselkursform nur dadurch kennzeichnet, daß von Zeit zu Zeit Auf- und Abwertungen erfolgen sollen. Beide Wechselkursformen haben die gleiche geringe Schwankungsbreite, bei beiden dürfen Auf- und Abwertungen vorgenommen werden.

Man könnte evtl. die Zeit als Unterscheidungsmerkmal zwischen festen und variablen Wechselkursen einführen. Dabei taucht dann aber sogleich die Frage auf, wie lang die Zeitspanne gewählt werden soll. Schon darüber wird kaum eine Einigung erzielt werden können, weder in der Theorie noch in der Praxis. Zumindest ist das bis heute noch nicht geschehen.

Aus dem Gesagten ist zu ersehen, daß eine brauchbare, in der Praxis anwendbare Unterscheidung zwischen diesen beiden Wechselkursfor-

---

[6] Haberler, Gottfried: Konvertibilität der Währungen, in: Die Konvertibilität der europäischen Währungen, Zürich-Stuttgart 1954, S. 38.
[7] Jentgen, Jean: Fixe, fluktuierende oder variable Wechselkurse, Dissertation Basel 1954, S. 10, Anmerkung 1.

men bei den bisher üblichen Arten von Wechselkurssystemen nicht getroffen werden kann. Die Wechselkursform „verschiebbarer Festkurs" konnte nur als existierend behandelt werden, weil man sie nicht genau genug definiert und zum festen Wechselkurs hin abgegrenzt hat oder, *wenn* man es getan hat, diese Abgrenzung gar keine ist. So definiert z. B. Jungmann[8] den festen Wechselkurs als denjenigen Kurs, „... der durch staatliche Maßnahmen festgesetzt wird und der dann innerhalb sehr enger Grenzen schwanken kann... Eine Änderung dieser festen Parität kann nur durch eine amtliche Neufestsetzung erfolgen". Den verschiebbaren Festkurs kennzeichnet Jungmann dann wie folgt[9]: „Das System der verschiebbaren Wechselkurse hält auch an der staatlichen Festsetzung des Wechselkurses fest, mit dem Unterschied allerdings, daß durch Auf- bzw. Abwertung versucht wird, den Gleichgewichtskurs zu finden."

Wo ist zwischen diesen beiden Definitionen ein für die praktische Anwendung brauchbarer Unterschied? Beide Male wird der Kurs staatlich festgesetzt, beide Male kann eine Paritätsänderung vorgenommen werden. Im ersteren Falle wird eine Paritätsänderung auch nur dazu dienen, dem Gleichgewichtskurs näherzukommen und im letzteren Falle können Auf- und Abwertungen auch nur durch amtliche Neufestsetzungen erfolgen. Es wurde mit beiden Definitionen also dasselbe gesagt, nur mit anderen Worten.

Mit dieser ausführlichen Begründung haben wir dargelegt, warum wir eine Wechselkursform „verschiebbarer Festkurs" nicht anerkennen. Das bedeutet aber nicht, daß nicht einmal eine völlig neue Wechselkursform, die diesen Namen verdient, in die Theorie eingeführt und in der Praxis angewandt werden könnte. Bisher rechtfertigt aber weder die Praxis die Unterscheidung solch einer Wechselkursform, noch hat sich in der Theorie eine Wechselkursform, der diese Bezeichnung nicht abstreitig gemacht werden könnte, durchgesetzt.

Wir unterscheiden daher von dem freien und dem begrenzt schwankenden Wechselkurs nur noch den festen Wechselkurs, der von einer behördlichen Institution festgesetzt worden ist und dessen Schwankungsbreite ± 2 % nicht überschreiten soll. Neufestsetzungen der Parität sind gestattet.

2. Genügt der feste Wechselkurs noch den heutigen Anforderungen?

„Die Vorteile des stabilen Wechselkurses werden insbesondere darin gesehen, daß keine zusätzlichen Risiken in den internationalen Waren-

---

[8] Jungmann, Heinz: Die kanadische Wechselkurslösung im September 1950, Disseration Berlin 1957, S. 9/10.
[9] Jungmann, Heinz: a. a. O., S. 10.

und Kreditverkehr hineingetragen werden. Weiterhin glaubt man, daß durch die Wechselkursstabilität werde verhindert, daß die Spekulation auf dem Devisenmarkt Störungen beim Ausgleich der Zahlungsbilanz hervorruft[10]."

Weiter muß noch auf folgendes hingewiesen werden: Bei festen Wechselkursen können sich die Zentralnotenbanken untereinander Einlösungs- und Kursgarantien geben[11]. Das bedeutet, daß sie sich verpflichten, nach (gelegentlich vorkommenden) Wechselkursänderungen noch ausstehende Guthaben ausländischer Notenbanken zum bisherigen Kurs einzuwechseln. Diese Garantien vermindern natürlich das Wechselkursrisiko. Solch eine Einlösungs- und Kursgarantie ist z. B. bei freien Wechselkursen schlecht möglich.

Ändern sich die Wechselkurse täglich, so ist solch eine Garantie sinnlos, da sie ja immer nur für einen Tag gelten würde. Bleibt der bewegliche Wechselkurs dagegen über längere Zeit stabil, so wäre es zwar denkbar, daß die Notenbanken untereinander vereinbaren könnten, noch ausstehende Guthaben ausländischer Notenbanken, falls sich der Kurs über eine bestimmte Grenze hinaus verändern würde, zum vorhergehenden längerfristig stabil gewesenen Kurs einzuwechseln. Damit entstünde aber, abgesehen von den dabei auftretenden technischen Schwierigkeiten, ein „Privatmarkt" zwischen den Notenbanken, von dem beunruhigende Wirkungen auf den regulären Devisenmarkt ausgehen würden.

Schließlich wäre noch der Vorteil zu nennen, daß feste Wechselkurse nicht durch *kurzfristige* außerökonomische Störungsfaktoren verzerrt werden können[12]. Diese Faktoren, die z. B. (militär-)politischer Art sein können, haben keinen Einfluß auf die Wechselkurse, die durch die Notenbanken festgehalten werden. Das gilt allerdings nicht für langfristig wirkende außerökonomische Störungsfaktoren. Diese zwingen die Notenbanken schließlich doch, den veränderten Verhältnissen Rechnung zu tragen und die Wechselkurse zu ändern bzw. statt dessen irgendwelche Zwangsmaßnahmen zu ergreifen.

Nun muß aber zur heutigen Situation der Weltwirtschaft mit festen Wechselkursen folgendes festgestellt werden:

Nachdem die verheerenden Folgen des zweiten Weltkrieges von der Wirtschaft überwunden worden sind und auch das wirtschaftliche Leben wieder in normalen Bahnen verläuft, bleibt jetzt hauptsächlich das

---

[10] Kruse, Alfred: a. a. O., S. 207.
[11] Vgl. Deutsche Zeitung, 1. Juni 1960: Kein Konstruktionsfehler im EWA.
[12] Vgl. dazu Aust, Eberhard: Währungsordnung und Zahlungsbilanz im gemeinsamen Markt Europas, Frankfurt a. M. 1959, S. 54 ff., der eine etwas andere Meinung als der Verfasser vertritt, da er nicht zwischen kurzfristigen und langfristigen außerökonomischen Störungsfaktoren unterscheidet.

II. Der feste Wechselkurs

Problem, wie der allgemeine Lebensstandard, nicht nur einzelner Völker, sondern der ganzen Welt, gehoben werden kann. Ziel dieser Bestrebungen ist es, die Kapitalausstattung pro Kopf zu vergrößern und das technische Wissen und den technischen Fortschritt für alle Menschen nutzbar zu machen. Grundvoraussetzung dafür ist ein erweiterter internationaler Handels-, Kredit- und Kapitalverkehr, eine erweiterte internationale Arbeitsteilung. Diesem Ziel hat das System der festen Wechselkurse ohne Zweifel große Dienste geleistet, indem es dazu beitrug, die durch den Krieg verursachten katastrophalen Wirtschafts- und Währungsverhältnisse wieder zu gesunden. Es brachte eine feste Ordnung und damit wieder Ruhe und Sicherheit in das komplizierte Gefüge der Nationalwirtschaften, eine wesentliche Voraussetzung für einen Wiederaufbau einer zum großen Teil zerstörten Weltwirtschaft.

Im Laufe der Jahre traten aber Probleme auf, die man bei der Neuordnung der Währungsverhältnisse weniger in Erwägung gezogen hatte. Zu den Hauptgründen nämlich, warum feste Wechselkurse nach dem zweiten Weltkriege eingeführt worden waren, gehörte die Furcht vor Abwertungswettläufen der einzelnen Nationalwirtschaften untereinander. Die Abwertung ist ein bequemes Mittel, der einheimischen Exportindustrie einen Preisvorsprung auf dem Weltmarkt zu verschaffen. Nun stellte sich aber heraus, daß die Furcht vor Abwertungswettläufen unberechtigt war, denn ein nicht erwarteter Wirtschaftsaufschwung und die Lehren aus den Wirtschaftskrisen der Zeit zwischen den beiden Weltkriegen brachten die meisten Länder kaum in Versuchung, solche Wege zu beschreiten. Ein anderes Problem tauchte aber auf, welches sich als sehr schwierig zu lösen zeigte, besonders unter den Voraussetzungen einer internationalen Währungs- und Wirtschaftsordnung, wie sie nach dem zweiten Weltkrieg eingeführt worden war. Zwar vermied der größte Teil der Länder das Betreiben einer offenen Inflation und viele von ihnen versuchten, belehrt durch die Erfahrungen vergangener Jahrzehnte, eine solche mit allen Mitteln zu verhindern, jedoch gab es auch einige Länder, deren Regierungen[13] nicht so streng auf Währungsstabilität achteten und einen mehr oder weniger geringen Grad von Inflation stillschweigend duldeten. Da es bei festen Wechselkursen sehr schwer ist, wie im Laufe der Arbeit noch zu zeigen sein wird, diese Inflationstendenzen an den Landesgrenzen abzustoppen, wurden auch alle diejenigen Länder in den Inflationssog mit hineingezogen, die jede Inflationspolitik im eigenen Lande streng vermieden. Aus diesen Tatsachen heraus entwickelte sich das Phänomen einer sogenannten „schleichenden Inflation", die alle Länder erfaßt, einer

---

[13] In vielen Ländern sind die Zentralnotenbanken an die Weisungen der Regierung gebunden. Das gilt z. B. nicht für die Bundesrepublik Deutschland.

Weltinflation. Es ist statistisch erwiesen, daß pro Jahr in allen Ländern der Welt die jeweiligen Währungen eine Entwertung von einem oder mehreren Prozenten erleiden[14].

Inflationen aber verhindern eine optimale Kombination der Produktionsfaktoren. Es erfolgt in großem Umfange eine Fehlleitung der Produktion, da die Preise andauernd steigen und so die Gelderlöse nominell immer höher sind als die zur Erstellung des Produktes aufgewandten Kosten, wodurch jede Produktion zunächst als gewinnbringend erscheint, auch wenn von Anfang an der Güteraufwand den Güterertrag übersteigt. Weiterhin läßt in einer Inflation das reichlich vorhandene Geld das Angebot an Kredit steigen. Als Folge davon sinkt der Zinsfuß und reizt somit in größerem Maße zu Investitionen an als durch die Nachfrage gerechtfertigt ist. Ferner tritt im Laufe einer Inflation eine Vermögensverschiebung vom Gläubiger auf den Schuldner ein, da letzterer dank der Geldentwertung in Sachwerten gemessen weniger zurückzahlt als er empfangen hat. Schreitet die Inflation immer weiter fort, so tritt schließlich eine Flucht in die Sachwerte ein, das Geld verliert seine Funktion als Mittler am Markt, Sparen und Kapitalbildung hören auf, das gesamte Wirtschaftsleben gerät in eine Krise mit der Folge eines sinkenden Lebensstandards und einer verringerten internationalen Arbeitsteilung.

Weiterhin muß bemerkt werden, daß durch den ungleichen Inflationsgrad in den einzelnen Volkswirtschaften deren Preisniveaus im Laufe der Zeit verschieden stark gestiegen sind. Es ist daher die Frage, ob die vor längerer Zeit eingeführten Wechselkurse noch den heutigen Verhältnissen entsprechen. Tun sie es nicht mehr, so wird auch dadurch die internationale Arbeitsteilung und damit die Hebung des allgemeinen Lebensstandards der Weltbevölkerung verringert, was auch schädliche politische Folgen haben kann.

Aus den angeführten Gründen erscheint es daher angebracht, zu untersuchen, ob ein anderes Wechselkurssystem als das fester Währungsparitäten den heutigen Anforderungen, die an den Wechselkurs gestellt werden, besser entsprechen könnte. Das soll im folgenden geschehen.

---

[14] Vgl. z. B. First National City Bank of New York: Monthly Economic Letter, August 1962, wo eine internationale Währungsstatistik zu finden ist. Die Berechnungen, denen der jeweilige Lebenshaltungskostenindex oder die Verbraucherpreise zugrunde liegen, sind für die Jahre 1951—1961 durchgeführt worden. Die härtesten Währungen unter den wichtigeren Welthandelsländern hatten demnach Portugal (1,0 %) jährlicher Kaufkraftschwund), Belgien (1,0 %), die Schweiz (1,1 %), die Bundesrepublik (1,3 %) und Kanada (1,3 %), während Chile (25,5 %) und Bolivien (36,2 %) die größten Geldentwertungen zu verzeichnen hatten.

III. Der begrenzt schwankende Wechselkurs

1. Definition und Wirkungsweise des begrenzt schwankenden Wechselkurses

Als Zwischenstufe zwischen den Systemen fester und freier Wechselkurse wäre der begrenzt schwankende Wechselkurs zu nennen[15]. Sein Kennzeichen ist, daß er innerhalb einer gewissen größeren Bandbreite, z. B. ± 5 %, frei schwanken kann. Ist dieser Wechselkurs als selbständige Form anzuerkennen oder ist er nur eine Abart des beweglichen Wechselkurses, ebenso wie dieser frei schwankend, wenn auch nur in bestimmten Grenzen?

Nach unserer Ansicht ist der begrenzt schwankende Wechselkurs als selbständige Form zu vertreten, da ihn ein sehr wichtiges Merkmal vom freien Wechselkurs unterscheidet. Während es beim freien Wechselkurs die Aufgabe der Zentralnotenbank ist, kleine Schwankungen auszugleichen, jedoch bei deutlich einseitigem Trend dem Wechselkurs freien Lauf zu lassen, ist beim begrenzt schwankenden Wechselkurs gerade das Umgekehrte der Fall. Innerhalb der Bandbreite (kleine Schwankungen) läßt die Notenbank den Wechselkurs unbeeinflußt. Das ist der Sinn der Einführung einer Bandbreite. Nähert sich der Wechselkurs jedoch der oberen oder unteren Schwankungsgrenze, so muß die Notenbank am Devisenmarkt einschreiten, setzt also *dann* mit ihren Interventionen ein, wenn sie im Falle des freien Wechselkurses damit aufhört. Dieses Kriterium scheint uns dasjenige zu sein, welches eine Unterscheidung zwischen freien und begrenzt schwankenden Wechselkursen rechtfertigt.

Nun ist aber auch aus technischen Gründen dem festen Wechselkurs eine Schwankungsbreite zugebilligt worden. Was unterscheidet nun den begrenzt schwankenden von dem festen Wechselkurs? Das Kriterium, ob ein Wechselkurs festgesetzt worden ist und zusätzlich eine Bandbreite hat oder ob nur diese Bandbreite festgelegt worden ist, kann keine Rolle spielen, wie manche Autoren behaupten[16]. Hat die Währungsbehörde eine bestimmte Bandbreite angegeben, so hat sie damit auch einen Wechselkurs festgesetzt, ganz gleich, ob sie genau bestimmt hat, wo der von ihr gewünschte Kurs innerhalb der Bandbreite liegt oder ob sie das nicht getan hat. Das ist für die praktische Auswirkung begrenzt schwankender Wechselkurse ohne Bedeutung, denn die Notenbank interveniert ja nur, wenn sich der Wechselkurs der Schwankungsgrenze nähert. Das war ja das Kennzeichen dieser Wechselkurs-

---
[15] Siehe dazu besonders Krüger, Frank: Voraussetzungen und Maßnahmen zur Herstellung der Konvertibilität der Währung der Bundesrepublik Deutschland, Dissertation Berlin 1957, S. 53ff.
[16] z. B. Jungmann, Heinz: a. a. O., S. 11.

form. Im anderen Falle, wenn die Zentralnotenbank eine bestimmte Kurshöhe innerhalb der Bandbreite verteidigen würde, wäre eine Bandbreite sinnlos und man hätte den festen Wechselkurs ohne Schwankungsmöglichkeiten.

Während der Unterschied des begrenzt schwankenden Wechselkurses zum freien Wechselkurs die Tatsache zweier Schwankungsgrenzen ist, die nicht überschritten werden dürfen, kann der Unterschied zum festen Wechselkurs also nur in der Schwankungsbreite (Bandbreite) liegen. Da der feste Wechselkurs gemäß unserer Definition eine Bandbreite bis zu ± 2 % haben kann, müssen wir folglich einen Wechselkurs mit einer größeren Schwankungsbreite als ± 2 % als begrenzt schwankenden Wechselkurs bezeichnen, gleichgültig ob er eine Bandbreite von ± 3 % oder von ± 30 % hat.

Auch hier, wie überall, wo bei Definitionen dieser Art mit konkreten Zahlen gearbeitet wird, kann der Vorwurf der Willkür erhoben werden. Der Vorteil aber, auf diese Weise zu einer klaren und eindeutigen Unterscheidung der einzelnen Wechselkursformen zu gelangen, scheint uns diesen Nachteil aufzuheben.

Der begrenzt schwankende Wechselkurs ist also innerhalb der Bandbreite ein freier Wechselkurs. Die noch über den freien Wechselkurs zu machenden Ausführungen gelten folglich auch für den begrenzt schwankenden Wechselkurs im Rahmen der Interventionspunkte. Am oberen und unteren Interventionspunkt hingegen weist er mehr die Merkmale eines festen Wechselkurses auf. Automatisch ergeben sich durch diese Vereinigung von Merkmalen freier und fester Wechselkurse gewisse Vor- und Nachteile[17]. Die Bandbreite, die also größer als die des festen Wechselkurses ist und die z. B. ± 5 %, ± 10 % oder auch mehr betragen kann, bedeutet, daß „... ein Spielraum für das weitgehend freie Einpendeln der Devisenkurse untereinander geschaffen würde. Der einzige Nachteil, der allerdings recht schwerwiegend ist, dürfte wohl darin bestehen, daß die internationale Ex- und Importwirtschaft die bisherige recht feste Basis (nur Kursschwankungen von allerhöchstens 1,5 % möglich) für ihre Rechenhaftigkeit verliert, weil dann starke Kursschwankungen möglich wären, und sicherlich von Zeit zu Zeit auch einträten[18]". Lipfert weist aber auch auf das Gegenmittel gegen dieses Problem hin, nämlich die Vermehrung der Kurssicherungsgeschäfte per Termin. Diese Mehrarbeit wird nach seiner Ansicht von den Vorteilen täglicher Wechselkurse, die den tatsächlichen Kaufkraftparitäten entsprechen, aufgewogen.

---
[17] Vgl. dazu auch die Ausführungen von Küng, Emil: Zahlungsbilanzpolitik, Zürich-Tübingen 1959, S. 614—617.
[18] Lipfert, Z. f. d. ges. Kreditwesen 1957, Nr. 15, S. 598 ff.

Ein bedeutender Nachteil begrenzt schwankender Wechselkurse ist allerdings noch zu beachten. Wenn sich der Wechselkurs nämlich am oberen oder unteren Interventionspunkt befindet, ist die Möglichkeit einer risikolosen Einbahnspekulation gegeben, wie bei festen Wechselkursen. Der Wechselkurs kann sich in dieser Situation nämlich nur noch in einer Richtung bewegen, da die Zentralnotenbank ja gezwungen ist, ein Hinausgehen des Wechselkurses über die Grenze zu verhindern. Aus diesem Grunde ist es für die Spekulation völlig ungefährlich, am oberen Interventionspunkt auf ein Sinken und am unteren auf ein Steigen des Wechselkurses zu spekulieren. Das einzige, was ihr passieren kann, ist, daß der Wechselkurs fest in seiner augenblicklichen Lage bleibt, entgegengesetzt bewegen kann er sich aber auf keinen Fall[19].

Ferner ist auch noch eine mögliche Auswirkung devisentechnischer Natur zu beachten. Solange es nämlich zu verteidigende Schwankungsgrenzen gibt, auch wenn diese relativ weit auseinanderliegen, ist stets die Gefahr einer Verklemmung am oberen oder unteren Interventionspunkt gegeben. Wir zitieren dazu noch einmal Lipfert[20]:

„Wenn also z. B. der französische Franc gegenüber der DM seinen unteren Interventionspunkt erreicht hat... und wenn dann gleichzeitig der französische Franc auch in London seinen unteren Interventionspunkt erreichen würde, dann wäre damit auch nach einer Erweiterung der Schwankungsgrenzen die Pfund-DM-Relation ohne Rücksicht auf die englisch-westdeutschen Kaufkraftparitäten, sondern einfach durch devisentechnische Zusammenhänge fixiert."

Die Gefahr solcher Verklemmungen ist aber, wie Lipfert feststellt, bei weiter auseinanderliegenden Interventionspunkten sehr viel kleiner als bei den augenblicklichen geringen Bandbreiten der Wechselkurse.

2. Der begrenzt schwankende Wechselkurs als Übergangslösung

Auf die Frage, ob der begrenzt schwankende Wechselkurs *für die Dauer* ein brauchbarer Ersatz für das System fester Wechselkurse sei, ist zu antworten, daß dies doch wohl als sehr fraglich erscheint. Wenn nämlich die Abweichung des Wechselkurses vom Gleichgewichtskurs gering ist, so lohnt es wahrscheinlich nicht, die Nachteile eines begrenzt schwankenden Wechselkurses auf sich zu nehmen. Die Zahlungsbilanzungleichgewichte können dann in diesem Fall auch mit anderen währungs- und wirtschaftspolitischen Mitteln behoben werden, vor allen Dingen, weil es sich in diesem Zusammenhang auch um weniger starke und nur vorübergehende Zahlungsbilanzungleichgewichte handeln

---
[19] Vgl. die späteren Ausführungen über die Einbahnspekulation.
[20] Lipfert, Helmut: a. a. O., S. 598 ff.

wird. Sind diese Ungleichgewichte dagegen fundamentaler und größenmäßig beträchtlicher Natur, so sind zu deren Beseitigung begrenzt schwankende Wechselkurse ungenügend und wegen ihrer Nachteile auch ungeeignet. Man müßte sich dann also in diesem Falle schon zu durchgreifenderen Mitteln entschließen, z. B. Auf- oder Abwertungen vornehmen oder zu beweglichen Wechselkursen übergehen, weil andere Wege dann kaum noch zum Ziele führen.

Als Übergangslösung dagegen wäre die zeitweilige Einführung begrenzt schwankender Wechselkurse denkbar, falls man sich z. B. für den Übergang von festen zu freien Wechselkursen entschieden hätte. In diesem Falle käme es nämlich hauptsächlich darauf an, eventuelle Störungen, die sich durch die notwendig werdenden Umstellungen ergeben und zu großen Wechselkursschwankungen führen könnten, in ihren Auswirkungen einzudämmen. Das erreicht man, indem man die Wirtschaft zwar neuen Gegebenheiten mit möglichen Wechselkursschwankungen gegenüberstellt, zugleich aber allzu starke Wechselkursschwankungen, die durch Unerfahrenheit, Spekulationen und sonstige durch die Änderung des Wechselkurssystems bedingte Unruhen hervorgerufen werden, ausschaltet. Hierfür ist ein begrenzt schwankender Wechselkurs sehr geeignet. Aus diesem Grunde fallen auch für diese Zeit die sonstigen Nachteile begrenzt schwankender Wechselkurse weniger ins Gewicht, bzw. werden durch den Vorteil der Vermeidung allzu großer Störungen des Wirtschaftslebens aufgehoben. Nach einer nicht allzu langen Zeitspanne, wenn eine Beruhigung der Lage eingetreten ist, muß dann aber zu freien Wechselkursen übergegangen werden, da begrenzt schwankende Wechselkurse, wie behandelt worden ist, als Dauerlösung ungeeignet sind.

IV. Der freie Wechselkurs

1. Definition und Wirkungsweise des freien Wechselkurses

Der freie Wechselkurs wird von keiner Stelle festgesetzt, sondern kommt lediglich als Resultat von Angebot und Nachfrage auf den Devisenmärkten zustande[21]. Da dieser Wechselkurs immer einen Ausgleich von Angebot und Nachfrage vornimmt, ist er Veränderungen unterworfen, falls die ihn bestimmenden Daten sich ändern, er kann steigen oder fallen, er ist also beweglich. Der freie Wechselkurs hat keine irgendwie festgelegte Schwankungsbreite, er kann theoretisch jeden folgenden Tag eine wesentlich andere Höhe haben als am Vortage.

---

[21] Vgl. Haberler, Gottfried: a. a. O., S. 38; Kruse, Alfred: a. a. O., S. 246; Rittershausen, Heinrich: Internationale Handels- und Devisenpolitik, Frankfurt a. M. 1953, S. 217.

IV. Der freie Wechselkurs

Aber auch wenn der Wechselkurs über eine lange Zeitspanne hinweg nicht die geringste Schwankung zeigt, ist er seinem Wesen nach immer noch ein freier Wechselkurs, da ja das Kriterium der Ausgleich von Angebot und Nachfrage an einem freien Devisenmarkt ist.

Das schließt nicht aus, daß sich auch die Zentralnotenbank oder ein Währungsausgleichsfonds als Anbieter oder Nachfrager am Devisenmarkt betätigt[22]. Diese Tätigkeit dient nur dazu, eine Beunruhigung des Marktes durch dauernde kleinere Schwankungen zu verhindern. Zeigt sich ein fundamentales Ungleichgewicht, so werden von amtlichen Stellen kaum noch Interventionen erfolgen. Man wird den Wechselkurs sich auf einem neuen Gleichgewichtsniveau einpendeln lassen. Bei einem freien Wechselkurs wird es nie die Aufgabe der Notenbank sein, eine bestimmte Kurshöhe mit allen Mitteln zu verteidigen. Sie wird vielmehr nur eine Marktpartei unter vielen sein, wenn auch eine starke.

„Der Zahlungsbilanzausgleich kommt bei frei schwankenden Wechselkursen fast ausschließlich durch den Wechselkursmechanismus zustande[23]." Ein tendenzielles Zahlungsbilanzdefizit wird den Wechselkurs senken, da das Angebot an inländischen Zahlungsmitteln die Nachfrage nach diesen übersteigt. Mußte man vorher also 25 Cents für 1 DM aufwenden, so bekommt man diese nun schon für 20 Cents. Das bedeutet eine Verbilligung der inländischen Waren für das Ausland und eine Verteuerung der ausländischen Waren für das Inland. Eine Verminderung der Importe und eine Vergrößerung der Exporte werden die Folge sein, was die Zahlungsbilanz wieder zum Ausgleich bringt.

Andererseits wird ein tendenzieller Zahlungsbilanzüberschuß den Wechselkurs steigen lassen. Das Angebot an ausländischen Zahlungsmitteln ist in diesem Falle größer als die Nachfrage nach diesen. Man wird jetzt also z. B. 30 Cents aufwenden müssen, um 1 DM zu bekommen und nicht, wie bisher, nur 25 Cents. Das hat eine Verteuerung der inländischen Waren für das Ausland und eine Verbilligung der ausländischen Waren für das Inland zur Folge. Importsteigerungen und Exportrückgänge werden somit wiederum eine ausgeglichene Zahlungsbilanz bewirken.

Dieser Zahlungsbilanzausgleich kommt aber bei unverändertem Preisniveau zustande. Der Wechselkurs verbilligt oder verteuert die Waren für das Ausland, ohne daß sich deren Preise, gemessen in inländischer Währung, verändern.

Zahlungsbilanzstörungen zeitigen beim freien Wechselkurs keine Auswirkungen auf die Geldmenge. Jeder zusätzliche Hereinstrom von Geld bremst sich durch Erhöhung des Wechselkurses von selbst und induziert gleichzeitig einen verstärkten Abstrom von Geld, wie im vorhergehenden

---

[22] Vgl. Haberler, Gottfried: a. a. O., S. 38; Kruse, Alfred: a. a. O., S. 269.
[23] Kruse, Alfred: a. a. O., S. 247.

dargelegt worden ist. Andererseits bewirkt jeder zusätzliche Abstrom von Geld ein Sinken des Wechselkurses, was wiederum eine selbsthemmende Wirkung zur Folge hat, da man nun mehr eigene Währungseinheiten als vorher aufwenden muß, um eine fremde Währungseinheit zu erhalten. Außerdem fördert der gesunkene Wechselkurs den Hereinstrom von Geld, weil Inlandswährung jetzt relativ billig von Ausländern erworben werden kann.

Da die Notenbanken im System freier Wechselkurse grundsätzlich nicht zu intervenieren brauchen, um den Zahlungsbilanzausgleich herzustellen, brauchen sie auch keinen großen Gold- und Devisenfonds zu halten. Der sich verändernde Wechselkurs nimmt den Zahlungsbilanzausgleich automatisch vor.

Die Kursschwankungen selbst werden weitgehend durch die Spekulation gemildert, die bestrebt ist, an den Kursveränderungen zu verdienen. Bei fallenden Devisenkursen (1 Dollar = 3,75 DM) wird sie Devisen kaufen, was deren Kursabfall bremst. Bei steigenden Devisenkursen dagegen (1 Dollar = 4,25 DM) wird sie, um an der Kursdifferenz zu verdienen, die ausländischen Zahlungsmittel wieder gegen heimische verkaufen, was das Angebot an Devisen vergrößert und somit deren Kursanstieg bremst.

Die Spekulation dämpft aber nur die vorübergehenden Schwankungen. Bewirken sich wandelnde Marktdaten eine Verschiebung des Gleichgewichtswechselkurses, so kann die Spekulation diesem auf die Dauer nicht entgegenarbeiten. Sie wird aber bewirken, daß der Übergang zu dem neuen Gleichgewichtskurs gleichmäßiger und stetiger erfolgt als wenn keine Spekulation vorhanden wäre.

2. Die bisherige Bewährung des freien Wechselkurses und die Frage seiner Wiedereinführung

Freie Wechselkurse hat es schon in früheren Zeiten gegeben, und man hat mit ihnen sowohl gute als auch schlechte Erfahrungen gemacht. Der Übergang zu freien Wechselkursen erfolgte oft unter ungünstigen Bedingungen. Man führte ihn erst dann ein, wenn das vorhergehende Wechselkurssystem zusammengebrochen war. Außerdem war in diesen Zeiten der freie Wechselkurs oftmals nur als zeitlich begrenzte Übergangslösung gedacht, mit deren Hilfe man eine erneute Stabilisierung des Wechselkurses auf einem neuen Niveau zu erreichen suchte. So wurde dann die Spekulation von Zeit zu Zeit durch Stabilisierungsgerüchte zu gleichgewichtsstörenden Spekulationen veranlaßt[24].

---

[24] Vgl. die Ausführungen von Kruse, Alfred: a. a. O., S. 246.

IV. Der freie Wechselkurs

Trotz dieser ungünstigen Umstände sind Einführungen zeitweilig freier Wechselkurse sehr erfolgreich gewesen, so z. B. in England. „Von der Abwertung im Jahre 1931 bis zum Kriegsausbruch hat das Pfund Sterling nie eine feste Parität zum Golde gehabt, ohne daß man es an den Preisen in England gespürt hätte[25]." Man erreichte mit dieser Maßnahme einen wirtschaftlichen Aufschwung, der vielen Menschen wieder Arbeit gab und der keinerlei nachteilige Auswirkungen auf die Währung hatte[26].

Weiter muß z. B. auch der im September 1950 erfolgte kanadische Versuch mit freien Wechselkursen als erfolgreich betrachtet werden[27]. Kanada litt zu dieser Zeit unter einem starken, z. T. spekulativen Kapitalzufluß aus dem Ausland, der bereits inflationistische Folgen zeitigte. Hier einerseits Abhilfe zu schaffen, andererseits aber auch den Zufluß ausländischen Kapitals, soweit er für den wirtschaftlichen Aufbau des Landes benötigt wurde, zu erhalten, war das Problem. Man erörterte die Möglichkeiten von Lizenzierung der Kapitalzuwanderungen, von Kapitalrestriktionen, Festsetzung eines neuen Festkurses, Einführung eines begrenzt schwankenden Kurses und Einführung eines beweglichen Kurses[28]. Schließlich entschied man sich für letztere Möglichkeit. „Diese Entscheidung hatte zum Ziel, sowohl den großen spekulativen Kapitalzustrom und die daraus resultierenden inflationistischen Tendenzen einzudämmen als auch den Wechselkurs zu finden, der dem Gleichgewichtskurs entsprach[29]." Man kann sagen, daß dieses Ziel im großen und ganzen auch erreicht worden ist, auf jeden Fall besser als es mit festen Wechselkursen möglich gewesen wäre, deren Nachteile ja der Grund zur Wahl einer anderen Wechselkursform waren.

Die Rückkehr Kanadas zum festen Wechselkurs im Jahre 1962 bedeutet nicht, daß der freie Wechselkurs versagt hat. Diese Entscheidung hat zum großen Teil andere Ursachen, z. B. solche politischer Natur. Aber selbst wenn das unbefriedigende Funktionieren des freien Wechselkurses als Grund für die Rückkehr zum festen Wechselkurs angegeben werden könnte, dürfte man daraus noch keine negativen Rückschlüsse auf ein weltweites *System* freier Wechselkurse ziehen. Der freie Wechselkurs ist ja nicht dazu gedacht, als Einzelfall in einem System ansonsten fester Wechselkurse seinen Dienst zu tun. Das kann man von keiner Wechselkursform unter solchen Umständen verlangen. Nur wenn ein weltweites System freier Wechselkurse zusammengebrochen

---

[25] Richebächer, Kurt: Der richtige Wechselkurs, in: Der Volkswirt, 1955, Heft 16, S. 19 f.
[26] Vgl. die Ausführungen von Richebächer, Kurt: a. a. O., S. 19 f.
[27] Vgl. dazu Jungmann, Heinz: a. a. O., der sich ausführlich mit diesem Schritt befaßt.
[28] Jungmann, Heinz: a. a. O., S. 29—31.
[29] Jungmann, Heinz: a. a. O., S. 31.

wäre, könnten wir daraus auf die Ungeeignetheit dieser Wechselkursform schließen. Im vorliegenden Falle dagegen muß man mit dem Ziehen von allgemeinen Schlußfolgerungen sehr vorsichtig sein.

Da bis jetzt an Hand der geschichtlichen Erfahrungen keineswegs erwiesen ist, daß der freie Wechselkurs ein ungeeignetes Mittel zur Verbindung der verschiedenen Währungen untereinander darstellt, ist es auch nicht verwunderlich, daß man immer wieder an den freien Wechselkurs denkt, seitdem man seit einer Reihe von Jahren nach einem Ersatz für das in seinen Vorteilen fraglich gewordene System metallfreier Währungen mit festen Wechselkursen sucht. Eine Wiedereinführung der Goldwährung z. B. ist schon deswegen kaum möglich, weil Preise und Löhne zum großen Teil ihre Flexibilität, besonders die nach unten, verloren haben und die einzelnen Volkswirtschaften auch nicht auf eine autonome Konjunktur- und Wirtschaftspolitik verzichten wollen. Beides sind aber unabdingbare Voraussetzungen für eine Rückkehr zum Goldstandard. Das Festhalten der einzelnen Länder an ihrer wirtschaftspolitischen Souveränität ist auch ein Grund dafür, daß in absehbarer Zeit noch nicht zu der idealen Lösung einer einzigen, übernationalen Währung übergegangen werden kann. Schließlich ist auch die Einführung begrenzt schwankender Wechselkurse aus den bereits angegebenen Gründen als Dauerlösung nicht ratsam. So stößt man also unter den gegebenen Bedingungen zwangsläufig immer wieder auf den freien Wechselkurs, zumal in der modernen Außenhandelspolitik bis zum heutigen Tage immer wieder Bestrebungen festzustellen sind, das Prinzip der festen Wechselkurse zu durchbrechen, indem man mehrfache Wechselkurse einführt[30].

Daher soll nun im folgenden die Möglichkeit eines Überganges zu einem System freier Wechselkurse untersucht werden.

---

[30] Vgl. z. B. Spathelf, Werner: Die Durchbrechung der festen Wechselkurse in der modernen Außenhandelspolitik, Dissertation Mannheim 1953, der sich ausführlich mit diesem Tatbestand befaßt.

B. Das Für und Wider des Überganges zu freien Wechselkursen

Wie der freie Wechselkurs einerseits ohne Zweifel Vorteile gegenüber dem festen Wechselkurs aufzuweisen hat, so werden andererseits gegen ihn auch wieder eine ganze Reihe von Einwendungen erhoben. Der Untersuchung dieser Vorteile und Einwendungen soll das folgende Kapitel dienen.

I. Vorteile des freien Wechselkurses im Vergleich zum festen Wechselkurs

1. Vorteile im Zusammenhang mit dem internationalen Handels-, Kapital- und Kreditverkehr

a) Automatischer Zahlungsbilanzausgleich

Die Zahlungsbilanz, in Anlehnung an die Monatsberichte der deutschen Bundesbank in Leistungbilanz, Kapitalbilanz und Devisenbilanz aufgeteilt, müßte definitionsgemäß immer ausgeglichen sein, denn „jede Leistung des Auslandes muß... durch eine unmittelbare Gegenleistung des Inlandes, und sei es auch nur ein Zahlungsversprechen, beglichen werden"[1]. Das gleiche gilt natürlich auch für die Inlandsleistungen an das Ausland. Oft wird aber unter dem Begriff „Zahlungsbilanz" nur die Summe der Leistungs- und Kapitalbilanz verstanden[2]. Bei dieser Definition kann die Zahlungsbilanz dann selbstverständlich auch ausgeglichen sein. Wir wollen uns im folgenden der üblichen Terminologie anschließen, nach der also auch eine unausgeglichene Zahlungsbilanz möglich ist.

Freie Wechselkurse haben den Vorteil, daß sie automatisch einen Zahlungsbilanzausgleich bewirken. Muß z. B. laufend ein Kredit zurückgezahlt werden, so bietet das Schuldnerland also zusätzlich eigene Währungseinheiten an und fragt ausländische nach. Bei festen Wechselkursen würde unter diesen Umständen, falls kein zufälliger kompensatorischer Geldzustrom auftauchen würde, ein Zahlungsbilanzdefizit eintreten. Bei freien Wechselkursen dagegen wird sich der Wechselkurs des

---

[1] Kruse, Alfred: a. a. O., S. 172.
[2] Vgl. Rittershausen, Heinrich: Fischer Lexikon Wirtschaft, Frankfurt a. M. 1958, S. 27; Kruse, Alfred: a. a. O., S. 172.

den Kredit zurückzahlenden Landes verschlechtern. Das hat wiederum für das Schuldnerland eine importhemmende und eine exportfördernde Wirkung, denn seine Waren sind jetzt für das Ausland billiger, ausländische Waren dagegen für das Inland teurer geworden. So erfolgt also durch den gesunkenen Wechselkurs über eine Importverminderung und Exportsteigerung ein Ausgleich der Zahlungsbilanz, der das Defizit verschwinden läßt, ohne daß irgendeine Stelle intervenieren müßte. Aber auch ganz allgemein, für nicht mit Ex- oder Importgeschäften zusammenhängende Zwecke, wird der gesunkene heimische Wechselkurs das Angebot an eigener Währung und die Nachfrage nach fremder tendenziell vermindern, da der Eintausch in fremde Währungen ungünstiger geworden ist. Auf diese Weise wird ebenfalls der automatische Zahlungsbilanzausgleich gefördert.

Der feste Wechselkurs hingegen kann bei einem Zahlungsbilanzdefizit nicht fallen, er wirkt fortlaufend exporthemmend und importfördernd. Da der Kurs nämlich zu hoch ist, sind die inländischen Waren auch weiterhin für das Ausland relativ teuer und die ausländischen Waren für das Inland relativ billig. Es entstehen also bei einem festen Wechselkurs keine Gegenkräfte, die das Zahlungsbilanzungleichgewicht zu beseitigen trachten.

Man kann nun bei einem festen Wechselkurs natürlich eine Abwertung (bei Zahlungsbilanzüberschüssen eine Aufwertung) vornehmen, um so den neuen Gleichgewichtskurs zu finden. Diese Maßnahme hat aber schwerwiegende Nachteile, die noch im Kapitel über die Vorteile freier Wechselkurse im Zusammenhang mit Problemen der Wirtschaftspolitik zu behandeln sein werden. Da Auf- und Abwertungen zweckmäßigerweise nur selten erfolgen sollten, bleibt oft nur noch die Möglichkeit, Exporte und Importe durch Förderungs- oder Behinderungsmaßnahmen zu beeinflussen, zur Devisenbewirtschaftung überzugehen oder den Zahlungsbilanzausgleich durch Hervorrufen von Krisen herbeizuführen[3]. Der Zahlungsbilanzausgleich durch Krisen geht in der Weise vor sich, daß bei einem Zahlungsbilanzdefizit eine Deflationspolitik getrieben wird, z. B. mittels Kreditrestriktionen. Hierdurch wird das Preisniveau gesenkt, der Export gefördert (es wird für das Ausland jetzt billiger, im Inland zu kaufen) und der Import gedrosselt (die ausländischen Waren sind jetzt nicht mehr so preiswert wie bisher). Umgekehrt muß bei Vorliegen eines Zahlungsbilanzüberschusses eine Inflationspolitik getrieben werden, z. B. durch Krediterleichterungen, durch die sich das inländische Preisniveau anhebt. Dadurch wird der Export erschwert (die inländischen Waren sind jetzt teurer geworden) und der Import vergrößert (die ausländischen Waren sind im Vergleich zu den inländischen Waren jetzt preiswerter). Ebenso werden auch die Dienstleistun-

---

[3] Vgl. hierzu Kruse, Alfred: a. a. O., S. 209—211.

gen teurer, wenn durch die Inflationspolitik eine gewisse Geldentwertung eingetreten ist. Auswirkungen auf den Kapitalverkehr können sich ebenfalls bemerkbar machen, da Kapital jetzt reichlicher vorhanden und wahrscheinlich auch z. T. bestrebt sein wird, in das Ausland abzuwandern.

Solch eine Krisenpolitik ist aber nachteilig und gefährlich, sie bringt viel Unruhe in das Wirtschaftsleben. Der Geldwert wird dauernd in dieser oder jener Richtung beeinflußt, denn der feste Wechselkurs ist selten ein Gleichgewichtskurs, und wenn er es ist, dann meist nur für eine kurze Zeit[4]. Die in Gang gesetzten Krisen können sogar ein solch großes Ausmaß annehmen, daß die Volkswirtschaften in ernste Schwierigkeiten kommen.

Nun wird gegen den freien Wechselkurs der Einwand erhoben, daß dieser keineswegs einen automatischen Zahlungsbilanzausgleich bewirkt. Man weist dabei auf statistische Untersuchungen hin, die ergeben haben, daß die Elastizität der Nachfrage nach Exportgütern bei den meisten Ländern so gering ist, daß ein Sinken des Wechselkurses kaum eine Vergrößerung der Exportmengen und damit in diesem Falle auch der -werte herbeiführen kann. Dieser Elastizitäts-Pessimismus ist aus drei Gründen ungerechtfertigt[5]:

1. Die angewandten statistischen Methoden neigen dazu, die Resultate in Richtung niedriger Elastizitäten zu beeinflussen[6]. Das bedeutet also, daß die mit diesen Methoden gefundenen Ergebnisse geringere als der Wirklichkeit entsprechende Elastizitäten aufweisen.

2. Die Ergebnisse der Untersuchung globaler Nachfrageelastizitäten für Importe und Exporte sind deswegen auch zweifelhaft, weil sie nur für den Fall gelten können, bei dem die Zusammensetzung des gesamten Exportes unverändert bleibt. In diesem Falle können alle Exporte und Importe so behandelt werden, als ob sie eine einzige Ware wären. Diese Voraussetzung ist aber keineswegs gegeben. Versucht man hinwiederum, Elastizitäten einzelner Waren zu ermitteln, so ist es ebenfalls gefährlich, von der Elastizität dieser einzelnen Waren auf die Elastizität der Gesamtnachfrage zu schließen. Es ist keinesfalls möglich, auf diese Weise genügend genaue Resultate zu ermitteln.

---
[4] Vgl. die Ausführungen im Kapitel über die Vorteile freier Wechselkurse im Zusammenhang mit Problemen der Wirtschaftspolitik.
[5] Nach Lutz, Friedrich A.: The Case for Flexible Exchange Rates, Banca Nazionale del Lavoro Quarterly Review, Rom 1954, No. 31 und: Die Konvertibilitätsdiskussion, in: Die Konvertibilität der europäischen Währungen, Zürich-Stuttgart 1954, S. 309 f.
[6] Aufgezeigt von Guy H. Orcutt: Measurement of Price Elasticities in International Trade, in: Review of Economics and Statistics, 1950, pp. 117—32.

3. Würde dieser Elastizitäts-Pessimismus gerechtfertigt sein, so müßte er auch für ein System fester Wechselkurse gelten. Deflationäre Maßnahmen könnten dann niemals zu Exportsteigerungen mit dem Zweck des Zahlungsbilanzausgleichs führen. Ebensowenig dürften dann auch Auf- oder Abwertungen irgendwelche Auswirkungen auf die Aus- oder Einfuhr haben, was nun aber keinesfalls den bisher mit diesen Maßnahmen gemachten Erfahrungen entspricht. Außerdem können bei der heutigen scharfen Konkurrenz auf dem Weltmarkt die Exportgüter des einen Landes relativ leicht und gut durch gleiche oder ähnliche Güter eines anderen Landes ersetzt werden. Diese Tatsache deutet eher auf eine größere als auf eine geringere Elastizität der Nachfrage nach einem Exportgut eines bestimmten Landes hin.

Der Einwand, daß freie Wechselkurse wegen zu geringer Nachfrageelastizitäten nach Exportgütern gar nicht oder nur unter großen Kursschwankungen zu einem automatischen Zahlungsbilanzausgleich führen, dürfte also keineswegs zutreffend sein. Die Nachfrageelastizität nach Exportgütern ist im allgemeinen so groß, daß auch schon geringere Kursschwankungen den Zahlungsbilanzausgleich herbeiführen.

Sollte es einmal zu einer umfangreichen Kapitalflucht[7] kommen, so können allerdings größere Wechselkursveränderungen eintreten. Der gesunkene Wechselkurs führt auch in diesem Falle durch Verminderung der Importe und Erhöhung der Exporte zu einem automatischen Zahlungsbilanzausgleich. Die Geldmenge im Inlande wird sich daher nicht verändern und das Preisniveau wird weitgehend stabil bleiben.

Die Preisentwicklung könnte höchstens von einem sich verändernden Handelsvolumen[8], veranlaßt durch verminderte Importe und vergrößerte Exporte, beeinflußt werden, jedoch dürften diese Auswirkungen nicht sehr erheblich sein.

b) *Keine Vorwände für staatliche Interventionen zum Zwecke des Zahlungsbilanzausgleichs*

Feste Wechselkurse verführen leicht zu staatlichen Interventionen zum Zwecke des Zahlungsbilanzausgleichs. Die durch die gesetzliche Pflicht des Haltens einer bestimmten Wechselkurshöhe entstehenden unangenehmen Zahlungsbilanzschwierigkeiten sind oft ein willkommener Anlaß, den bequemen Weg des Verwaltungsaktes zu beschreiten, der eine einfachere und schnellere Lösung als die Anwendung marktkonformer Maßnahmen verspricht. Will oder kann[9] ein Land, falls z. B.

---

[7] Vgl. die Ausführungen im Rahmen der ausführlichen Erörterung des Kapitalfluchtargumentes.
[8] Vgl. Kruse, Alfred: a. a. O., S. 266.
[9] Folgende anomale Abwertungsfolge ist möglich (nach Kruse, a. a. O., S. 221): Nach der Abwertung können für kurze Zeit die Einnahmen von De-

ein Zahlungsbilanzdefizit vorliegt, keine Abwertung vornehmen, so bleibt immer noch ein verführerischer Ausweg offen. Es kann durch Importrestriktionen und Exportsubventionen oder, in ganz schwierigen Situationen, sogar durch Devisenzwangsbewirtschaftung seine Zahlungsbilanz zum Ausgleich bringen. Es dürfte wohl kaum ein Land geben, daß bei gefährlichen Zahlungsbilanzschwierigkeiten nicht der Versuchung erliegen würde, diesen bequemen Weg staatlicher Interventionen zu gehen.

Bei freien Wechselkursen dagegen ist dieser Ausweg nicht notwendig, wobei der Staat dann auch keinen Vorwand für solche Interventionen hat. Bestehen Tendenzen zu einem Zahlungsbilanzdefizit, wird der Wechselkurs absinken und so für das Ausland die Waren der einheimischen Exportindustrie billiger werden lassen. Eine Exportsubvention ist nicht notwendig, sie wird durch eine marktkonforme Verbilligung der Waren für das Ausland ersetzt. Die Importe hingegen werden tendenziell abnehmen, bis sie durch die Exporte wieder voll bezahlt werden, eine Importrestriktion in irgendeiner Form ist also auch nicht notwendig. Das gleiche gilt dann erst recht für den Ausweg in eine Devisenbewirtschaftung. Es besteht überhaupt kein Bedarf, solch eine Maßnahme vorzunehmen. Es ist ohne Zweifel ein besonderer Vorteil, wenn ein Staat erst gar nicht in die Versuchung geraten kann, die eben behandelten Zwangsmaßnahmen anzuwenden.

Aber selbst wenn ein Staat trotz allem auch beim freien Wechselkurs zum Zwecke des Zahlungsbilanzausgleiches einen Beschäftigungsprotektionismus triebe, indem er Exportförderungsmaßnahmen vornähme, hätte er damit kaum Erfolg[10]. Exportsubventionen würden zwar Preissenkungen der Ausfuhrgüter und Exportsteigerungen bewirken, da die Elastizität der Nachfrage nach Exportgütern wegen der Größe des Weltmarktes meist größer als eins ist. Dadurch wird aber in der Regel die Nachfrage nach heimischer Währung steigen, was eine Verbesserung

---

visen zurückgehen, bei gleichgebliebenem Devisenbedarf. Das kann der Fall sein, wenn z. B. die Einnahmen aus Exporten überwiegend in heimischer Währung, die Zahlungen für Importe aber überwiegend in ausländischer Währung vereinbart worden sind. Dann muß die Notenbank den Importeuren für die bereits abgeschlossenen Importe etwa die gleiche Devisenmenge auszahlen wie vor der Abwertung. Sie bekommt aber nur eine geringere Menge an Devisen herein, da nach der Abwertung für die Bezahlung der abgeschlossenen Exporte vom Ausland nur ein geringerer Devisenbetrag aufgewandt zu werden braucht. Falls die Notenbank nun keinen ausreichenden Fonds an Gold und Devisen zur Verfügung hat, kann sie ohne die Hilfe der ausländischen Notenbanken nicht abwerten. Unterbleibt diese Hilfe, so bleibt nur noch der Ausweg in die Devisenzwangswirtschaft. Das war in der Tat auch im Jahre 1931 die Situation der deutschen Volkswirtschaft, die diesen Weg gehen mußte.
[10] Die folgenden Ausführungen nach Kruse, Alfred: a. a. O., S. 449 f.; ausführliche Erklärung dieser Vorgänge siehe daselbst.

ihres Wechselkurses zur Folge hätte. Die Exportgüter werden somit wieder automatisch verteuert, die Importgüter verbilligt.

Andererseits werden auch Importrestriktionen nicht zum gewünschten Ziele führen, denn die vergrößerte Inlandsgüterproduktion ruft wegen der gleichbleibenden Geldeinkommen eine Verminderung der Exportgüterproduktion hervor. Es kommt zwischen den einzelnen Ländern zu keiner Geldbewegung. „Weder der Geldmengen-Preis-Mechanismus noch der Geldmengen-Einkommen-Mechanismus können sich auswirken. Ein Beschäftigungsprotektionismus in einem System mit flexiblen Wechselkursen ist demnach grundsätzlich unmöglich[11]."

Zwar sind in der Praxis einige Einschränkungen zu machen, so daß die eben erörterten Maßnahmen doch einigen Erfolg haben können[12], jedoch wird dieser auf jeden Fall sehr viel geringer sein als bei einem System fester Wechselkurse.

c) Einbahnspekulation risikovoller

Auf eine Tatsache, die sehr wichtig ist, muß zu Anfang dieses Abschnittes noch einmal kurz hingewiesen werden: Es gibt keine ewig festen Wechselkurse. Das geht schon aus dem hervor, daß im heutigen System fester Wechselkurse Auf- und Abwertungen bis zu 10 % ohne weiteres erlaubt sind. Damit entfallen aber alle Argumente, die sich auf unverrückbar feste Wechselkurse gründen.

Im System fester Wechselkurse sind also, wie noch im nächsten Abschnitt genauer zu zeigen sein wird, gelegentliche Auf- oder Abwertungen unvermeidbar. Solche Paritätsänderungen werden nun aber nicht bereits bei kleinen Anlässen durchgeführt, sondern nur dann, wenn schwerwiegende Gründe dafür vorliegen. Das bedeutet, daß Auf- oder Abwertungen so lange hinausgezögert werden, bis die allgemeine Situation eine Paritätsänderung in der einen Richtung, auf keinen Fall aber eine in der anderen Richtung, sehr wahrscheinlich macht. Die Folge davon ist die Möglichkeit einer fast risikolosen Einbahnspekulation, deren einziges Wagnis es ist, daß die Paritätsänderung nicht erfolgt und man so die Kosten des Geldtausches hat, die man sonst nicht gehabt hätte. Diese Devisenspekulation kann zu einer regelrechten Kapitalflucht ausarten. Wenn sich nämlich die Kapitalbesitzer rechtzeitig Devisen besorgen und diese nach der Abwertung wieder in heimisches Geld umtauschen, erleiden sie keine Abwertungsverluste. Umgekehrt ist der Vorgang beim aufwertungsbedrohten Land. Hier fließt ausländisches Kapital herein, um einen Aufwertungsgewinn zu erlangen, der bei größeren eingetauschten Beträgen erhebliche Mengen fast ohne Mühe verdienten Geldes ausmacht. Hier liegt ein großer Nachteil des Systems

---
[11] Kruse, Alfred: a. a. O., S. 449.
[12] siehe dazu Kruse, Alfred: a. a. O., S. 449/450.

fester Wechselkurse, daß nämlich durch solche Einbahnspekulationen der internationale Kapital- und Kreditverkehr, ja sogar die Währungen selbst, gefährdet werden können.

So kann auch z. B. das Gesetz der sich selbst erfüllenden Erwartungen zum Tragen kommen. Strömt nämlich sehr viel Kapital in das aufwertungsbedrohte Land, so bleibt diesem schließlich nichts anderes übrig, will es nicht zu dirigistischen Maßnahmen greifen oder eine Inflation dulden, als aufzuwerten. Siehe dazu das Beispiel der Bundesrepublik Deutschland, die schließlich im März 1961 doch aufwerten mußte, obwohl sie lange versucht hatte, die Aufwertung durch andere Maßnahmen zu vermeiden. Nun besteht übrigens die Möglichkeit, daß wieder soviel Kapital abgezogen wird (um nämlich die Aufwertungsgewinne zu realisieren), daß schließlich eine Abwertung wahrscheinlich und dann durch eine neuerliche Einbahnspekulation, diesmal aber in umgekehrter Richtung, auch tatsächlich herbeigeführt wird. So kann es (nicht muß es!) zu wiederholten Paritätsänderungen kommen.

Bei freien Wechselkursen hingegen, bei denen eine zeitweilige Einbahnspekulation natürlich auch nicht unmöglich ist, wird bald eine Gegenspekulation einsetzen, da ja ein Kurs niemals unbegrenzt steigen oder fallen kann. Fällt z. B. ein Wechselkurs und erwarten alle Spekulanten ein weiteres Fallen, so werden sie aus dieser Währung aussteigen bzw. keine Nachfrage nach dieser Währung mehr entfalten. Beide Vorgänge senken tendenziell den Wechselkurs weiter. Da der freie Wechselkurs aber keinen Interventionspunkt erreichen kann, bis zu dem sein Fallen als sicher anzunehmen ist, wird ein weiteres Bewegen in der gleichen Richtung bald immer unwahrscheinlicher. Das Risiko eines Kursumschwunges vergrößert sich immer mehr und die ersten Gegenspekulationen werden einsetzen, um Kursgewinne zu realisieren. Dadurch wird aber automatisch der Kurs gestützt.

Ferner wirken dieser destabilisierenden Spekulation noch weitere Kräfte entgegen[13]:

1. Das Absinken des Wechselkurses verringert die Importe und verstärkt die Exporte, wodurch Gegentendenzen gegen die augenblickliche Wechselkursentwicklung hervorgerufen werden.
2. Sowohl die Hortungs- und die Kreditspekulation (auch in Form von Kapitalflucht) als auch die Warenspekulation[14] sind nur in begrenztem Umfange möglich. „Weder sind die veräußerbaren Devisenvorräte bzw. Auslandskredite unbeschränkt vorhanden noch flüssiges Vermögen und Liquiditätsreserven in inländischer Währung. Eben-

---
[13] Kruse, Alfred: a. a. O., S. 265.
[14] Die Spekulationsarten sind ausführlich erklärt bei Kruse, Alfred: a. a. O., S. 255 ff.

falls sind die von der Änderung der terms of payment ausgehenden Wirkungen von der Größe des Außenhandels abhängig, also begrenzt[15]."

3. Schließlich kann auch noch die Zentralnotenbank, die eine starke Marktpartei darstellt, durch Interventionen übermäßige Wechselkursschwankungen glätten, ähnlich wie sie es im System fester Wechselkurse tut.

Die Einbahnspekulation kann also bei freien Wechselkursen niemals ein solches Ausmaß annehmen wie bei festen. Sie ist risikovoller und wird darüber hinaus nur kurzfristiger und relativ schwacher Natur sein.

2. Vorteile im Zusammenhang mit Problemen der Wirtschaftspolitik

a) Häufigere kleinere statt seltener schwerwiegender Korrekturen

Freie Wechselkurse passen sich leicht und geschmeidig den veränderten Zahlungsbilanzverhältnissen an. Da die Reaktion sofort erfolgt, sind die Veränderungen relativ gering, und die Wirtschaft kann sich rechtzeitig auf die neuen Verhältnisse einstellen.

Anders liegen die Dinge bei einem System fester Wechselkurse. Auch hier sind Anpassungsmaßnahmen nicht zu umgehen, sie können nur einige Zeit hinausgezögert werden, um dann aber stärkere plötzliche Veränderungen notwendig zu machen. Wie bereits festgestellt worden ist, gibt es keine ewig festen Wechselkurse. Da eine vollkommene Koordinierung der Währungs- und Wirtschaftspolitik der einzelnen Länder nicht möglich ist und auch noch für lange Zeit nicht möglich sein wird, werden sich die wirtschaftlichen Verhältnisse in den einzelnen Ländern verschieden stark ändern, werden Inflationen oder Deflationen verschieden weit vorangeschritten sein. Wechselkurse, selbst wenn sie früher einmal richtig waren, entsprechen dann nicht mehr den neuen Gleichgewichtsverhältnissen. Ein fester Wechselkurs kann also niemals auf die Dauer ein Gleichgewichtskurs sein. Daraus folgt, daß Paritätsänderungen immer nur für begrenzte Zeit den gewünschten Erfolg bringen können. Nach einer gewissen Zeitspanne aber werden sich die wirtschaftlichen Verhältnisse wieder so geändert haben, daß ein Festhalten an den alten Kursen nicht mehr möglich ist. Es muß wiederum auf- oder abgewertet werden.

Weiter ist bei einer inflationistischen Politik fremder Länder die importierte Inflation nicht anders zu bremsen als durch eine Aufwertung, welche die eigenen Exporte drosselt und die Importe stimuliert. Die

---
[15] Kruse, Alfred: a. a. O., S. 265.

Schädigung der eigenen Exportindustrie ist in diesem Falle nicht zu umgehen, da sie dank des falschen Wechselkurses bisher eine künstliche Ausfuhrerleichterung hatte. Nähme man nämlich keine Aufwertung vor, so würde eine inflationistische Preissteigerung im Inland die Waren verteuern, und die Exportindustrie müßte sich doch auf die neuen, erschwerten Verhältnisse einstellen. Die Begünstigung verschwindet also in jedem Falle. Der Stabilhaltung der Kaufkraft des Geldes wegen wird man aber im Zweifel eine Aufwertung der Inflation vorziehen.

Da es nun aber nicht möglich ist, beim Auf- oder Abwerten den richtigen neuen Gleichgewichtskurs zu finden, der ja im voraus nicht berechnet, sondern nur durch die Marktkräfte genau bestimmt werden kann, ist damit schon wieder die Grundlage für ein neues wirtschaftliches Ungleichgewicht gelegt. Die Folge davon ist, daß irgendwann einmal wieder der Wechselkurs verändert werden muß, nämlich aus den Gründen, die wir soeben erörtert haben.

So erreicht man also mit einer Wechselkursfixierung, wie Amonn bemerkt[16], keinesfalls auf die Dauer feste Kurse. Man ersetzt nur die häufigeren kleineren Korrekturen eines Systems freier Wechselkurse durch seltenere aber dafür schwerwiegendere Korrekturen, die aber auch nur für eine begrenzte Zeitspanne wirksam sind.

b) Bei Diskontänderungen keine monetär unerwünschten Gegenwirkungen durch die Außenwirtschaft

Ein weiterer Vorteil freier Wechselkurse gegenüber festen liegt in der Erleichterung der Notenbankpolitik, indem nämlich Diskontänderungen auch tatsächlich die erwünschten Wirkungen zeitigen, nicht das Gegenteil, wie es meist bei festen Wechselkursen der Fall sein wird. Nehmen wir z. B. eine Diskonterhöhung mit dem Ziel an, inflationären Tendenzen entgegenzuwirken, wozu man die Kreditnahme und damit den Geldumlauf einschränken will. Sowohl bei festen als auch bei freien Wechselkursen lockt eine Zinserhöhung im Inland ausländische Kredite an, normale Verhältnisse vorausgesetzt. In einem System fester Wechselkurse zwingt die Aufgabe der Stabilhaltung der Währungsparitäten die Zentralnotenbank, alle angebotenen Devisen anzukaufen, so daß die Geldmenge im Inland vergrößert wird, was man ja gerade durch die Diskonterhöhung vermeiden wollte. Dieser Vorgang ist bei freiem internationalem Kapitalverkehr ohne Devisenzwangsbewirtschaftung und festen Wechselkursen unvermeidbar, wie es auch am Beispiel der Bundesrepublik Deutschland in den letzten Jahren studiert werden konnte. Hier mußte die Zentralnotenbank schließlich doch die von ihr verfolgte Politik wieder aufgeben, indem sie die Zinssätze wieder senkte

---

[16] Amonn, Alfred: Abwertung und Aufwertung oder freie Wechselkursbildung, in: Wirtschaftsfragen der freien Welt, Frankfurt a. M. 1957, S. 568 ff.

und z. T. zu dirigistischen Maßnahmen (Verzinsungsverbot für Ausländereinlagen) griff.

Betrachten wir nun die Wirkung einer Diskonterhöhung in einem System freier Wechselkurse. Auch hier werden auf diese Weise ausländische Kredite angelockt. Die stark vergrößerte Nachfrage[17] nach einheimischer Währung wird den Wechselkurs merklich ansteigen lassen, Auswirkungen auf den Geldumlauf im Inlande aber werden nicht vorhanden sein. Der gestiegene Wechselkurs des Landes, in dem die Diskonterhöhung vorgenommen worden ist, wird dessen Export drosseln, denn seine Waren sind nun für das Ausland teurer geworden. Der Geldstrom, der über die Exporteure ins Inland fließt, wird demnach nachlassen. Auf der anderen Seite macht der gestiegene Wechselkurs die Waren des Auslandes billiger, so daß die Importe zunehmen werden, was ein vergrößertes Warenangebot im Inlande und einen verstärkten Geldabstrom bedeutet. Auf diese Weise werden die Wirkungen, die man mit der Verringerung des Geldumlaufes durch die Diskonterhöhung erreichen wollte, auch tatsächlich erreicht. Darüber hinaus vergrößert sich das Warenangebot im Inland ebenfalls noch durch die nun weniger exportierenden Firmen, die neue Absatzmöglichkeiten für ihre Erzeugnisse suchen. So wird also in einem System freier Wechselkurse eine Diskontänderung keine unerwünschten Gegenwirkungen auslösen.

c) *Autonome Konjunktur- und Wirtschaftspolitik möglich*

Freie Wechselkurse ermöglichen eine autonome Konjunktur- und Wirtschaftspolitik. Ein Land braucht sich in diesem Falle nicht eine Entwicklung von außen aufzwingen zu lassen, die es gar nicht wünscht. Wie noch genauer im Abschnitt über die importierte Inflation zu zeigen sein wird, verhindern die freien Wechselkurse das Übertragen von Inflationen oder, im entgegengesetzten Falle, Deflationen auf andere Länder. Ebenso haben konjunkturpolitische Maßnahmen, wie z. B. Veränderungen des Diskontsatzes, die erwünschten Auswirkungen auf die Binnenwirtschaft, da sie nicht durch unerwünschte Gegenwirkungen von seiten der Außenwirtschaft gestört werden. Feste Wechselkurse dagegen zwingen zu internationalem Gleichschritt, sei es in inflationärer, sei es in deflationärer Richtung. Das wäre nur dann nicht von Nachteil, wenn die Geld- und Wirtschaftspolitik aller Länder hundertprozentig koordiniert wäre, so als ob es auf der Welt nur eine einzige Volkswirtschaft gäbe. Dann dienten sämtliche zu treffenden Maßnahmen auch gleichzeitig dem Wohle aller Länder. Solch eine vollkommene Koordinierung der Konjunktur- und Wirtschaftspolitik ist aber utopisch und in absehbarer Zeit auf keinen Fall zu verwirklichen, ganz abgesehen da-

---

[17] Vergrößert sich die Nachfrage nur wenig, so bedeutet das, daß kaum ausländisches Geld in das Inland strömt, das zu behandelnde Problem also gar nicht auftaucht.

I. Vorteile des freien im Vergleich zum festen Wechselkurs

von, daß die Länder eine so weitgehende Integration auch noch gar nicht wollen. Aus diesem Grunde muß festgestellt werden, daß die Möglichkeit, eine autonome Konjunktur- und Wirtschaftspolitik treiben zu können, von Vorteil ist.

Es wird nun aber gesagt, daß der Zwang zum Gleichschritt bei festen Wechselkursen doch positiv zu werten sei, da er in immer größeren Räumen eine gleichgerichtete Konjunktur herbeiführe. Auf diese Weise würden alle Teilnehmer am Welthandel zu einer gleichgerichteten Konjunkturpolitik gezwungen bzw. es werde diese automatisch veranlaßt, was dem Welthandel und der gesamten Weltwirtschaft nur dienlich sein könne.

Diese Auffassung kann aber nicht unwidersprochen bleiben. Nehmen wir einmal den Fall der Depression. Eine allgemeine Depression der ganzen (westlichen) Welt kann diese in eine schwere Krise mit unübersehbaren Folgen stürzen. Wenn dagegen kein internationaler Gleichschritt herrscht, so kann die Depression, die einige Länder betroffen hat, durch einen Konjunkturaufschwung in anderen Ländern gemildert und sogar aufgehoben werden. Haben nämlich, bei Vorliegen einer Depression in einigen Ländern, andere dank einer besseren Konjunkturlage eine lebhaftere Wirtschaftstätigkeit, so werden diese mehr Auslandsgüter nachfragen, als wenn auch sie unter zurückgegangener Wirtschaftstätigkeit zu leiden hätten. Dadurch wird die Exportgüterindustrie auch der Depressionsländer mit mehr Aufträgen versorgt und somit zur Belebung der Wirtschaftstätigkeit dieser Länder und zur Beseitigung der dort herrschenden Depression beitragen. Das bedeutet natürlich nicht, daß freie Wechselkurse Depressionen verhindern. Dadurch aber, daß sie keinen internationalen konjunkturellen Gleichschritt hervorrufen, tragen sie indirekt zu einer Milderung der Depressionserscheinungen bei. Im gegengesetzten Falle wird eine Konjunkturüberhitzung in einer Anzahl von Ländern dadurch gebremst, daß weniger gut beschäftigte Volkswirtschaften mit ihren Kapazitäts- und demzufolge Angebotsreserven einen hemmenden Einfluß auf die Überentwicklung der Konjunktur ausüben.

Noch einem letzten Einwand ist zu begegnen. Es ist unbestreitbar, daß sich die amerikanische Volkswirtschaft und die übrigen wichtigsten westlichen Volkswirtschaften seit dem zweiten Weltkrieg oft in einer entgegengesetzten konjunkturellen Phase befanden — und das bei einem System hauptsächlich fester Wechselkurse! Diese Tatsache scheint der Behauptung zu widersprechen, daß feste Wechselkurse einen internationalen konjunkturellen Gleichschritt hervorrufen. Es muß aber hierzu festgestellt werden, daß es sich hierbei um einen einmaligen Ausnahmefall handelt. Die unterschiedliche konjunkturelle Situation zwischen den erwähnten Volkswirtschaften hat ihren Hauptgrund nämlich darin, daß der Außenhandel für die Volkswirtschaft der USA nur eine geringe Bedeutung hat, da sein Anteil am Sozialprodukt relativ klein ist[18]. Die Konjunktur in den USA wird also von der Weltkonjunktur nur wenig beeinflußt. Andererseits ist aber der Anteil der amerikanischen Importe und Exporte am gesamten Welthandel verhältnismäßig groß, so daß umgekehrt die Konjunktur der USA einen starken Einfluß auf die ihrer Handelspartner ausübt[18]. Dieser Fall ist aber so einmalig, daß ansonsten die Regel vom Zwang fester Wechselkurse zum internationalen Gleichschritt bestehen bleibt.

d) Weniger Währungsreserven notwendig

In einem System freier Wechselkurse würde auch das Problem der internationalen Liquidität mit einem Schlage gelöst werden. Da man keinen Wechselkurs zu verteidigen hat, sind auch nur geringe Währungsreserven notwendig, denn die jeweiligen Wechselkurse spielen sich ja auf dem Niveau ein, wo Angebot und Nachfrage ausgeglichen sind. Damit würden Klagen über Liquiditätsmangel und länderweise Konzentration von Gold und Devisen überflüssig. Das Halten von großen Gold- und Devisenfonds wäre also nicht mehr nötig. Dieses ständige Bereithalten internationaler Zahlungsmittel ist nämlich sehr unwirtschaftlich, denn das Gold liegt ungenutzt da (es verursacht sogar noch Aufbewahrungskosten), während das Geld wegen stetiger Verfügungsbereitschaft nur zu einem relativ niedrigen Zinssatz angelegt werden kann. Weiter hat das System freier Wechselkurse den Vorteil, daß keine Notenbank mehr in Devisenschwierigkeiten kommen kann und daß viel dringend gebrauchtes Geld frei wird. Ende 1960 betrugen die Reserven aller Zentralbanken und Regierungen, ohne Sowjetblock, fast 60 Milliarden Dollar. Diese setzten sich zusammen aus 38 Milliarden Gold, 10,5 Milliarden in Dollarguthaben, 7,5 Milliarden in Sterlingguthaben und 3,5 Milliarden an anderen Währungen[19]. Diese Summe ist im Jahre 1961 bereits auf 61,436 Milliarden Dollar gestiegen[20]. Daß bei einem freien Wechselkurs der Gold- und Devisenfonds kaum beansprucht wird, zeigt auch das praktische Beispiel Kanadas, das von 1950 bis 1962 einen freien Wechselkurs hatte. Sohmen schreibt dazu im Jahre 1961: „Die Gold- und Devisenreserven Kanadas sind seit über einem Jahrzehnt so gut wie unverändert geblieben[21, 22]."

---

[18] Vgl. Kruse, Alfred: a. a. O., S. 432 ff.
[19] Machlup, Fritz: Die Pläne zur Reform des internationalen Geldwesens, Kieler Vorträge — Neue Folge, Heft 23, S. 6/7 Kiel 1962.
[20] International Financial Statistics, Vol. 15 (1962), No. 8, S. 22.
[21] Sohmen, Egon: Marktwirtschaftliche Wechselkurspolitik, in: Der Volkswirt 1961, Heft 20, S. 862.
[22] Die Niederst- und Höchstwerte der Gold- und Devisenreserven (in Millionen US-Dollar) betrugen in den Jahren 1955—1960 in: Kanada (1836—1948),

I. Vorteile des freien im Vergleich zum festen Wechselkurs 37

Gegen den eben behandelten Vorteil freier Wechselkurse könnte das Bedenken geäußert werden, daß dann aber auch keine Vergrößerung unzulänglicher Währungsreserven möglich sei. Dem ist entgegenzuhalten, daß das auch gar nicht notwendig ist, da man in diesem Währungssystem nur geringe Währungsreserven braucht. Sollte einmal der seltene Fall vorkommen, daß ein Land überhaupt keine Währungsreserven hat, so bleibt der Ausweg offen, auf den Küng[23] hingewiesen hat. Der nationale Währungsausgleichsfonds hätte die Möglichkeit, eine Zeitlang in der Weise zu intervenieren, daß die Zahlungsbilanz aktiv abschließt und sich eine gewisse Devisenreserve ansammelt. Das könnte durch reichliches Anbieten inländischer Währung geschehen, das den eigenen Wechselkurs fallen läßt und so den Export vergrößert und den Import hemmt. Da ja große Devisenreserven, wie erwähnt, nicht notwendig sind, käme solch eine Intervention nur höchst selten vor und wäre darüber hinaus auch nur vorübergehender und leichter Natur. Schwerwiegende Störungen würden also durch diese Maßnahmen nicht ausgelöst werden, weder für die einzelne Nationalwirtschaft selbst noch für die Weltwirtschaft.

3. Vorteile im Zusammenhang mit dem Inflationsproblem

a) Geldmenge und Preisniveau beim Zahlungsbilanzausgleich nicht verändert, nur Preisgefüge

Nicht nur der bereits behandelte automatische Zahlungsbilanzausgleich an sich stellt einen Vorteil freier Wechselkurse dar, sondern auch die Tatsache, daß dieser Ausgleich ohne Veränderung des Preisniveaus (wenn auch nicht ohne Veränderung des Wechselkurses) erfolgt. Wie bereits im gleichen Zusammenhang ebenfalls erörtert worden ist, muß der Ausgleich der Zahlungsbilanz bei *festen* Wechselkursen meist durch deflatorische oder inflatorische Maßnahmen herbeigeführt werden[24]. Das Preisniveau wird also gesenkt oder gehoben, was zu schweren Störungen in der Volkswirtschaft führen kann.

Anders liegen die Dinge beim System freier Wechselkurse. Zur Erläuterung der Vorgänge soll noch einmal das bereits bei der Behandlung des automatischen Zahlungsbilanzausgleichs verwendete Beispiel einer Kreditrückzahlung herangezogen werden. Diese Kreditrückzahlung

---

Frankreich (645—2070), Deutschland (2935—6737), England (2120—3231), USA (17 804—22 857). Quelle: United Nations, Statistical Yearbook 1961, Jg. 13, New York 1961.
[23] Küng, Emil: a. a. O., S. 558.
[24] Auf- und Abwertungen dürfen wegen der großen Nachteile dieser Maßnahmen nur sehr selten durchgeführt werden. Devisenzwangswirtschaft hinwiederum bedeutet eine Abkehr vom freien internationalen Handel und ist daher auf das schärfste zu bekämpfen.

stellt eine Zahlungsbilanzstörung dar. Hierbei hat das System freier Wechselkurse den Vorteil, „daß sich im Gegensatz zum System metallfreier Währung mit starrem Wechselkurs Geldmenge und Preisspiegel nicht verändern und die Zahlungsbilanz lediglich durch Verschiebungen im Preisgefüge der betroffenen Länder als Folge der Einkommensübertragungen ausgeglichen wird"[25]. Die an das Ausland übertragenen Einkommen bedeuten einen Nachfragerückgang nach Inlandsgütern, was bei diesen Preissenkungstendenzen auslöst. Andererseits wird das Ausland nun dank gestiegener Einkommen seine Nachfrage nach Exportgütern des Schuldnerlandes bis zu einem gewissen Grade erweitern. Hierdurch werden bei den Exportgütern Preissteigerungstendenzen hervorgerufen. Schließlich wird auch der durch die Kreditrückzahlung gesunkene Wechselkurs die Importe verteuern. So wird also im System freier Wechselkurse beim Zahlungsbilanzausgleich nur das Preisgefüge verändert, nicht die Geldmenge und das Preisniveau[26].

Bei einem festen Wechselkurs läge in diesem Falle der Gegenwert für den zurückgezahlten Kredit in einheimischer Währung bei der Zentralnotenbank fest, denn es ist ja kein zusätzlicher Exportanreiz entstanden, wie es bei einem freien Wechselkurs durch die Kursverschlechterung der Fall sein würde. Bei einem festen Wechselkurs ergibt sich somit bei einem Zahlungsbilanzdefizit eine Deflationserscheinung, die gefährlicher als ein nachgebender Kurs in einem System freier Wechselkurse ist. Zahlungsbilanzüberschüsse hingegen bewirken bei einem festen Wechselkurs Inflationserscheinungen, während bei einem freien Wechselkurs in dieser Situation nur ein Steigen des eigenen Kurses eintritt.

b) Erschwerung einer inflationären Wirtschaftspolitik

Freie Wechselkurse haben weiter den Vorteil, daß sie eine inflationäre Wirtschaftspolitik zwar nicht verhindern können, ihre stille und heimliche Durchführung jedoch unmöglich machen. Jedes Land kann weiter so stark inflationieren, wie es nur will, es kann nur nicht mehr leugnen, eine solche Politik zu betreiben. Die Folge einer inflationären Wirtschaftspolitik bei einem freien Wechselkurs ist nämlich das Absinken des Kurses, denn dieses Land ist ein teures Land geworden, wodurch seine Exporte gedrosselt, seine Importe aber vergrößert werden. Dieser Vorgang der Wechselkursverschlechterung ist ein viel sichtbareres Zeichen einer Inflation als ein Steigen der Preise. Dieses ist wegen der mangelnden Markttransparenz nicht so augenfällig, wobei Lohnerhöhungen dann noch z. T. den Anschein geben, als ob sie den Preisanstieg wieder völlig kompensieren würden.

---
[25] Kruse, Alfred: a. a. O., S. 251.
[26] Vgl. zu diesen Ausführungen Kruse, Alfred: a. a. O., S. 249 und 251.

Feste Wechselkurse begünstigen also das Betreiben einer inflationären Wirtschaftspolitik. Aus den oben angeführten Gründen kann solch eine Politik bei diesem Wechselkurssystem länger und besser verheimlicht werden, weil die Zusammenhänge zwischen Ursache und Wirkung hierbei nicht so deutlich sind. Bei freien Wechselkursen muß jeder, der Inflation treibt, dies auch offen eingestehen. Sinkende Wechselkurse zeigen ihm an, wohin diese Politik führt, nämlich zur Entwertung der eigenen Währung.

Nun wird aber z. T. eine gegenteilige Ansicht der hier eben erläuterten vertreten. Man behauptet, daß umgekehrt ein fester Wechselkurs das Betreiben einer Inflationspolitik erschwere und ein freier Wechselkurs sie erleichtere. Es wird gesagt, daß heutzutage in den meisten Ländern Vollbeschäftigung zu einem politisch so wichtigen Faktor geworden sei, daß nirgends mehr darauf verzichtet werden könne. Das habe zur Folge, das man überall zu inflatorisch wirkenden Krediterleichterungen greife, um die Vollbeschäftigung auf jeden Fall zu erhalten. Dabei könne sich die Zentralnotenbank diesem inflationistischen Kreditbegehren nur schwer verschließen, eben weil Vollbeschäftigung zu einer hochpolitischen Angelegenheit geworden sei. Bei festen Wechselkursen, so folgert man weiter, werde die Zentralnotenbank nach einem gewissen Fortschreiten der Inflation in Devisenschwierigkeiten kommen. Da unter den vorliegenden Bedingungen die Nachfrage nach Devisen größer als deren Angebot sei, werde die Notenbank bald kein Gold und keine Devisen mehr haben, um einheimische Währungseinheiten aufzukaufen und so den Wechselkurs stabil zu halten. Es bleibt nun für die Notenbank nur noch die Möglichkeit, abzuwerten, Devisenzwangsbewirtschaftung einzuführen oder zu einer gesunden Wirtschaftspolitik zurückzukehren. Man sagt, daß die Notenbank jetzt also das Argument in der Hand habe, weitere Kredite zu verweigern, indem sie auf die Erschöpfung des Gold- und Devisenvorrats verweist und auf ihre gesetzlich festgelegte Verpflichtung, den Wechselkurs stabil zu halten. Ein System freier Wechselkurse dagegen „toleriert jede Entwertung. Es gibt keine inflationsbedingten Devisenschwierigkeiten, die der Wirtschaftspolitik als alarmierendes Zeichen einer fortschreitenden Inflation dienen könnten. Binnenwert und Außenwert der Währung bewegen sich nahezu parallel[27]."

Nun zur Kritik dieses Einwandes. Bei festen Wechselkursen und Inflation kommt die Notenbank in Devisenschwierigkeiten, aus denen sie nur Abwertung, Devisenzwangsbewirtschaftung oder Rückkehr zu gesunder Wirtschaftspolitik befreien kann. Dem muß ohne weiteres zugestimmt werden. Freie Wechselkurse dagegen führen nicht zu solchen Schwierigkeiten, falls man nichts dabei findet, den Wechselkurs immer

---

[27] Kruse, Alfred: a. a. O., S. 267/268.

tiefer sinken zu lassen. Das ist ebenfalls richtig und dem kann auch nicht widersprochen werden. Die Schlußfolgerungen aber, die man aus diesen Tatsachen zieht, sind höchst zweifelhaft. Angezeigt wird die Inflation beide Male gleich deutlich, durch stark fallende Wechselkurse nicht weniger als durch Devisenschwierigkeiten. Zugestanden werden muß, daß das Sinken des Wechselkurses nicht solch eine prekäre Lage hervorruft, wie das Ausgehen des Devisenvorrats. Wenn aber die eine inflationäre Wirtschaftspolitik fordernden Kräfte so gewaltig sind, daß sich die Notenbank auch nicht mit dem Hinweis auf die verheerenden Folgen einer Währungsentwertung, welche die Volkswirtschaft in heftige Krisen stürzen kann, dagegen zu wehren vermag, dann wird sie diesen Kräften auch nicht mit dem Hinweis auf Devisenschwierigkeiten begegnen können, solange noch die Möglichkeit einer Abwertung oder eines Überganges zur Devisenzwangswirtschaft besteht. So institutionell unmöglich und gefährlich ist diese Maßnahme nun auch wieder nicht, schon gar nicht im Vergleich zu den Folgen einer Inflation. Wenn also nicht einmal die Gefahr einer Wirtschaftskrise ein Hindernis für eine unvernünftige Wirtschaftspolitik ist, werden es eine evtl. Abwertung oder Devisenzwangsmaßnahmen erst recht nicht sein.

Ist die inflationistische Politik hingegen nur leichter Natur, so daß ihre Folgen weniger problematisch sind, so werden kaum große Devisenschwierigkeiten entstehen, da ja das Zahlungsbilanzdefizit nicht so erheblich ist. Darüber hinaus kann bei festen Wechselkursen die Inflation exportiert und somit für das Ursprungsland sogar noch abgeschwächt werden. Auch in diesem Falle ist das Argument „Devisenschwierigkeiten" nicht zu verwenden.

Bei festen Wechselkursen ist also als Folge einer Inflation eine Abwertung oder ein Übergang zur Devisenzwangsbewirtschaftung und Fortsetzung der Inflation bei weitem wahrscheinlicher als eine Rückkehr zu einer gesunden Wirtschaftspolitik aus Anlaß von Devisenschwierigkeiten. Das bedeutet natürlich nicht, daß man nicht zu einer gesunden Wirtschaftspolitik zurückkehren kann, weil man deren Vorteile einsieht. Das hat aber mit der vorliegenden Situation nichts zu tun. Hier sollte die Rückkehr zur gesunden Wirtschaftspolitik nur durch das Argument der Devisenschwierigkeiten veranlaßt werden, nicht durch ein Einsehen gemachter Fehler.

Nun wird darauf hingewiesen, daß die Zahlungsbilanzschwierigkeiten der USA dort seit etwa 18 Monaten zu einem stabilen Preisniveau geführt hätten[28]. Diese Tatsache würde also die These stützen, daß feste Wechselkurse wegen der bei Inflationen auftretenden Zahlungsbilanzschwierigkeiten eine inflationäre Wirtschaftspolitik erschweren. Es darf

---

[28] Siehe dazu statistisches Jahrbuch für die Bundesrepublik Deutschland, 1962, S. 120*/121*.

aber nicht vergessen werden, daß die USA auch in dieser Hinsicht eine Sonderstellung einnehmen. Das gegenwärtige Währungssystem der westlichen Welt ist so sehr vom Dollar abhängig, daß Auf- oder Abwertungen dieser Währung unabsehbare Folgen für die gesamte Weltwirtschaft haben können. Das gleiche gilt für eine Devisenzwangsbewirtschaftung von amerikanischer Seite. Der amerikanischen Wirtschaftspolitik sind also diese Auswege, wenn auch nicht theoretisch, so doch praktisch verschlossen. Demnach bedeutet für die USA ein Zahlungsbilanzdefizit in der Tat einen Zwang zu einer antiinflationären Wirtschaftspolitik. Diese Feststellung gilt aber nur für die USA als einem Land mit einer einmaligen Sonderstellung in den internationalen Wirtschaftsbeziehungen.

c) Keine importierte Inflation

Freie Wechselkurse haben schließlich auch noch den Vorteil, daß sie das Importieren einer Inflation verhindern[29]. Bei Vorliegen eines festen Wechselkurses steckt nämlich ein Land, das eine inflationistische Geldpolitik betreibt, die anderen Länder auf folgende Weise an:

In dem inflationierenden Land ist die Geldmenge im Vergleich zur Warenmenge erheblich vergrößert worden. Die Folge davon sind gestiegene Preise und gesunkener Geldwert. Da man aber die fremden Währungseinheiten wegen des festen Wechselkurses immer noch zum gleichen Preis bekommt, sind die ausländischen Waren für das Inflation treibende Land verhältnismäßig billig. Umgekehrt sind die inländischen Waren für das Ausland relativ teuer. Die Folge davon ist, daß das Land mit der inflatorischen Geldpolitik viel importiert und wenig exportiert, was ihm ein Zahlungsbilanzdefizit, seinen Handelspartnern aber Zahlungsbilanzüberschüsse beschert. Um den Wechselkurs stabil zu halten, müssen die Zentralnotenbanken in den letzteren Ländern dauernd Devisen gegen Hingabe einheimischer Währung ankaufen. Umgekehrt wird im Inflation treibenden Land Geld an die Notenbank gegeben, um Devisen für die Bezahlung der Importe zu bekommen. Im „Inflationsland" nimmt die Geldmenge also ab und in den anderen Ländern zu. Dieser Vorgang müßte eigentlich zu einem Ausgleich der Geldmengen und zu einem Angleichen der Preisniveaus führen und die Inflation auf diese Weise nach einiger Zeit stoppen. Da aber in der Regel das Land, in dem die Geldmenge gestiegen ist, ständig weiter inflationiert, treten bei seinen Handelspartnern andauernd Devisenüberschüsse auf, und es gelangt über deren Exporteure immer neues Geld in die betreffenden Volkswirtschaften. Das hat zur Folge, daß auch in den Ländern, die auf eine strenge Geldpolitik achten, die Inflation unaufhörlich weiter-

---

[29] Die Ausführungen gelten entsprechend auch für den Import von Deflationen, ein in der Nachkriegszeit weniger aktuelles Problem.

schreitet. Die so betroffenen Nationalwirtschaften können sich kaum gegen diese importierte Inflation wehren, da restriktive Maßnahmen nur neues Geld aus dem inflationierenden Land anlocken.

Freie Wechselkurse dagegen ermöglichen es, die Inflation an den Landesgrenzen abzustoppen. Betrachten wir der Einfachheit halber einmal nur zwei Länder, A und B. A sei das Land mit der vergrößerten Geldmenge, den gestiegenen Preisen und dem gesunkenen Geldwert. Das Preisniveau in B sei dagegen verhältnismäßig niedrig, der Geldwert hoch, der Wechselkurs noch auf dem alten Stand. Waren des Landes B sind jetzt also für das Land A verhältnismäßig billig, analog dem, was soeben im vorhergehenden Absatz bei Vorliegen fester Wechselkurse gesagt worden ist. Der Import des Landes A aus dem Land B wird steigen, ebenfalls der Bedarf an Geldeinheiten des Landes B, denn die Importeure aus A müssen ja die Importe bezahlen. Da wir jetzt freie Wechselkurse vorausgesetzt haben, wird die vergrößerte Nachfrage nach Währungseinheiten des Landes B dessen Wechselkurs ansteigen lassen. Das vergrößerte Angebot an A-Währung hinwiederum wird den Wechselkurs des Landes A fallen lassen, der gleiche Vorgang, nur diesmal aus der Sicht des Landes A betrachtet. Man muß jetzt also mehr Währungseinheiten des Landes A aufwenden, um eine Währungseinheit des Landes B zu bekommen. Das bedeutet aber, daß nun die Waren des Landes B, bei gleichgebliebenem Preisniveau in B, für das Land A teurer geworden sind. Der Export von B nach A wird also wieder zurückgehen, der Geldstrom in das Land B nachlassen.

Weiterhin sind nun wegen des hohen Wechselkurses der B-Währung die Waren des Landes A für das Land B billiger geworden, denn man braucht nun in B weniger Währungseinheiten als vorher aufzuwenden, um eine A-Währungseinheit zu bekommen. Diese Tatsache wird einen erhöhten Import des Landes B auslösen und bewirken, daß mehr Geld aus dem Lande B zur Bezahlung seiner Importe herausströmt. Das Warenangebot in B wird sich vergrößern, evtl. sogar noch zusätzlich durch das Angebot der Exportindustrie, die ja nun weniger nach A liefert und z. T. versuchen wird, dafür mehr Waren im eigenen Lande abzusetzen. Tendenziell wird sich also in B die Geldmenge wieder vermindern und das Handelsvolumen vergrößern.

Auf diese Weise verhindern freie Wechselkurse das Übertragen von Inflationen auf andere Volkswirtschaften. Sie können die Waren des einen Landes für die anderen verteuern oder verbilligen, ohne daß sich die Preisniveaus verändern müssen. Die Kaufkraft des Geldes bleibt also in Ländern, die keine Inflation betreiben, erhalten. Die hier getroffenen Feststellungen gelten analog dem eben Gesagten auch für das Übertragen von Deflationen. Auch diesen wird in einem System freier Wechselkurse an den Landesgrenzen Einhalt geboten.

II. Einwände gegen den freien Wechselkurs

1. Einwände im Zusammenhang mit dem internationalen Kapital- und Kreditverkehr

a) Große Kursschwankungen

Die Gegner freier Wechselkurse verstehen darunter meist Kurse mit erheblichen Ausschlägen nach beiden Seiten. Es ist klar, daß ein solches System tatsächlich unmöglich wäre. Freie Wechselkurse dürfen aber nicht heftig schwankenden Wechselkursen gleichgesetzt werden. Wie wir in früheren Ausführungen dargelegt haben, induziert jede Wechselkursänderung Warenströme, die dieser Änderung entgegenwirken. Weiter kommt die Spekulation hinzu, die ebenfalls, von einer weniger bedeutenden Ausnahme abgesehen[30], immer kursausgleichend wirken wird. Die berufsmäßige Spekulation kann überhaupt nur lohnend sein, wenn sie Gegentendenzen zur augenblicklichen Kursentwicklung hervorruft, da die Spekulanten bei niedrigen Kursen Devisen einkaufen, um sie bei hohen Kursen wieder zu verkaufen. Das bedeutet, daß bei fallenden Kursen die zusätzliche Nachfrage und bei steigenden Kursen das zusätzliche Angebot die Kursschwankungen wesentlich dämpft.

Weiterhin ist auch noch zu beachten, daß die Spekulation auch mittels der terms of payment die Wechselkursschwankungen dämpfen kann[31]. Die Importeure werden bei einem niedrigen Devisenkurs versuchen, die Importe zu beschleunigen oder früher als nötig zu bezahlen. Die Exporteure werden bestrebt sein, die Exporte zu verlangsamen. Bei einem hohen Devisenkurs hingegen werden die Exporteure versuchen, ihre Geschäfte schneller abzuschließen und den Export zu beschleunigen. Die Importeure werden in diesem Falle bestrebt sein, die Importe zu verlangsamen und deren Bezahlung nach Möglichkeit auf spätere Zeitpunkte zu verschieben. Auf diese Weise werden Gegentendenzen zur gerade vor sich gehenden Kursentwicklung hervorgerufen.

Zwar kann auch die Spekulation eine trendmäßige Veränderung des Gleichgewichtskurses nicht verhindern, doch sollte das nicht negativ gewertet werden, denn eine trendmäßige Veränderung darf nicht verhindert werden, da sie den veränderten wirtschaftlichen Verhältnissen Rechnung trägt. Aber die Spekulation wird auch in diesem Falle eine gleichmäßigere, geschmeidigere Entwicklung bewirken. Schließlich kann auch noch ein nationaler Währungsausgleichsfonds die kurzfristigen

---

[30] Es handelt sich hierbei um die Einbahnspekulation, die bereits behandelt worden ist. Dieser Vorgang wird aber nur durch krisenhafte Erscheinungen ausgelöst werden, bei denen sich feste Wechselkurse dann noch nachteiliger auswirken würden.
[31] Vgl. dazu Jungmann, Heinz: a. a. O., S. 56; Kruse, Alfred: a. a. O., S. 256/257.

Schwankungen glätten helfen. So kann also festgestellt werden, daß Schwankungen geringen Ausmaßes kaum verhindert werden können und auch nicht sollen, da sie nun einmal zum System gehören, indem sie Störungen anderer Art neutralisieren müssen. Größere Kursschwankungen aber sind unwahrscheinlich[32]. Ist die Wirtschaftslage hingegen störungsfrei, so werden freie Wechselkurse nicht weniger stabil sein als feste.

Wie stabil freie Wechselkurse sein können, zeigen auch die geschichtlichen Erfahrungen mit diesem System, obwohl es nicht immer unter günstigen Verhältnissen eingeführt worden war. So hatte England z. B. von 1931 bis 1939 einen freien Wechselkurs. „In all den Vorkriegsjahren ist der Kurs des Pfundes an den internationalen Devisenbörsen nur geringfügig ausgeschlagen, vollends nach dem September 1936, als sich die Devisenausgleichsfonds der drei westlichen Großmächte zur gemeinsamen Kurspflege der drei Währungen zusammenfanden[33]." Das zeigt sich auch am jüngsten Beispiel freier Wechselkurse, an dem Kanadas. Wenn man sich die Kurstabelle[34] der letzten zehn Jahre ansieht, kann man feststellen, daß der Preis für den kanadischen Dollar im Laufe dieser Zeit nur zwischen 1,— und 1,06 US-Dollar geschwankt hat. Dieser stabile Verlauf des kanadischen Wechselkurses wird nicht zuletzt auch auf die Spekulation zurückgeführt[35].

b) Handelshemmnis durch Wechselkursrisiko

Kleinere Schwankungen sind also, wie festgestellt, in einem System freier Wechselkurse zu erwarten. Eingewandt wird nun, daß dieses Wechselkursrisiko ein schwerwiegendes Handelshemmnis sei. Zunächst ist dazu zu sagen, daß es noch gar nicht sicher ist, ob sich dieses Risiko als Hemmnis auswirken wird, denn jeder Verlustchance steht auch eine Gewinnchance gegenüber. Gewiß, es soll nicht bestritten werden, daß ein Handelsgeschäft einmal wegen eines Risikos unterbleiben kann. Es ist aber ebensogut möglich, daß andererseits gerade auch aus diesem Grunde Geschäfte getätigt werden, weil das Risiko auch eine besondere Gewinnchance enthält[36].

Darüber hinaus kann dieses Risiko durch Devisentermingeschäfte, Eingehen von Versicherungen (man denke etwa an Institute ähnlich der Hermes Kreditversicherungs-AG) und Kreditaufnahmen im Ausland

---

[32] Die destabilisierenden Wirkungen der Spekulation sind bereits bei der Erörterung der Einbahnspekulation behandelt worden.
[33] Richebächer, Kurt: a. a. O., S. 19 f.
[34] Zu finden z. B. in: Der Volkswirt, Frankfurt a. M. 1961, Heft 26, S. 1228.
[35] Vgl. Jungmann, Heinz: a. a. O., S. 56.
[36] Immer begrenzte Schwankungen vorausgesetzt, denn bei großen Veränderungen dieser Art liegen Umstände vor, unter denen sich feste Wechselkurse wahrscheinlich noch ungünstiger auswirken würden.

II. Einwände gegen den freien Wechselkurs

oder Inland ausgeschaltet werden. Die Kreditaufnahmen gehen hierbei wie folgt vor sich:

Der Exporteur nimmt im Ausland einen Kredit auf und läßt ihn sich gleich auszahlen. Die Rückzahlung des Krediates erfolgt mittels des Geldes, daß er für seine Waren (im Ausland) bekommt. Der Importeur läßt sich, falls er im Augenblick kein Geld hat (der Exporteur kann ja nicht sofort vom Kunden Geld verlangen, der Importeur aber evtl. sofort den zu schuldenden Betrag auf die ausländische Bank überweisen), im Inlande einen Kredit geben und überweist das Geld auf die ausländische Bank (bekommt noch Zinsen dafür!). Von dort hebt er es bei Fälligkeit der Zahlung dann ab. Den Kredit kann der Importeur dann später im Inland zurückzahlen, wenn er sowieso die Waren hätte bezahlen müssen.

In diesen Fällen verteuert sich allerdings das Geschäft durch die anfallenden Provisionen und Zinsen. Ob sich das aber im Endeffekt, bei Betrachtung einer längeren Zeitspanne, als Verteuerung herausstellt, ist sehr zu bezweifeln. Das Währungsrisiko besteht nämlich immer, auch bei festen Wechselkursen! Es hat bis heute noch keine Währung gegeben, die andauernd fest geblieben wäre. Es ist kaum einzusehen, warum sich das ändern sollte, jedenfalls geben weder die Theorie noch die Praxis Anhaltspunkte dafür. Auf- oder Abwertungen, Maßnahmen zur Steuerung des Importes und Exportes, Geldwertänderungen oder Devisenzwangsmaßnahmen sind bei festen Wechselkursen von Zeit zu Zeit unvermeidbar. Es ist aber ohne Zweifel für die am internationalen Handel Beteiligten besser, ständig zusätzliche niedrige Kosten im voraus sicher mit einkalkulieren zu können, als plötzlich und unerwartet größere Schäden durch Paritätsänderungen, Importrestriktionen oder andere Maßnahmen hinnehmen zu müssen. Also selbst die zusätzlichen Kosten des Vermeidens von Währungsrisiken im System freier Wechselkurse stellen kein Handelshemmnis dar, da sie bei längerfristiger Betrachtung, die allein maßgebend ist, auch bei festen Wechselkursen unvermeidbar sind.

Schließlich dürfen auch die Bemerkungen von Keynes[37] und S. C. Tsiang[38] nicht überhört werden, die darauf hingewiesen haben, daß die Warenpreise oft stärker als die Wechselkurse schwanken und daß die Bewegung der ersteren durch die der letzteren wahrscheinlich eher gemildert als verstärkt wird.

---

[37] Keynes, J. Maynard: Vom Gelde, München-Leipzig 1932, S. 567.
[38] Tsiang, S. C.: Fluctuating Exchange Rates in Countries with Relatively Stable Economies: Some European Experiences after World War I, in: International Monetary Fund Staff Papers, 7 (1959), S. 256.

c) Erschwerung des kurzfristigen internationalen Kreditverkehrs

Es wird gegen den freien Wechselkurs eingewandt, daß bei diesem System der kurzfristige internationale Kreditverkehr fast völlig unterbleiben würde, weil die wegen der kurzen Laufzeit verhältnismäßig geringen Zinserträge das Risiko einer Wechselkursänderung nicht abdecken könnten.

Als erstes ist dagegen zu sagen, daß gerade die internationalen kurzfristigen Kredite der Devisenspekulation für ihre Aufgabe dienen, die Wechselkursschwankungen zu dämpfen. Der kurzfristige internationale Kreditverkehr wird schon aus diesem Grunde in nicht unbeträchtlichem Umfange beibehalten werden und hilft auf diese Weise, das Wechselkursrisiko zu mildern, was ihm selbst zugute kommt.

Der sonstige kurzfristige internationale Kreditverkehr kann durch Termingeschäfte gegen Wechselkursschwankungen abgesichert werden[39]. Trägt der Kreditgeber das Risiko, so kann er wie folgt handeln: Hat er z. B. DM 400,— aufgewandt, um einen Kurzkredit von $ 100,— nach den USA zu vergeben, so kann er ein Termingeschäft mit dem Spekulanten abschließen, daß ihm garantiert, in drei Monaten wieder DM 400,— (vom Spekulanten) zu bekommen, Zinsen und sonstige Kosten außer acht gelassen, da hier nur der Vorgang rein schematisch erklärt werden soll. Der Spekulant bekommt dafür die auf 100,— Dollar lautende Forderung des Kreditgebers. Bekommt man nun in drei Monaten für 100,— Dollar mehr als DM 400,— (Kursverschlechterung der DM), so hat der Spekulant einen Gewinn, im entgegengesetzten Fall einen Verlust gemacht.

Trägt der Kreditnehmer das Risiko, so kann er sich ebenfalls gegen das Wechselkursrisiko absichern. Der Inländer sei diesmal also der Kreditnehmer und bekomme einen Kredit von 100,— Dollar = 400,— DM. Er wird nun mit dem Spekulanten ein Termingeschäft abschließen, bei dem er sich verpflichtet, in drei Monaten 400,— DM an den Spekulanten zu zahlen, der zu diesem Zeitpunkt 100,— Dollar an den Kreditgeber zu überweisen hat. Bekommt man dann zu dieser Zeit schon für weniger als 400,— DM den Betrag von 100,— Dollar, so hat der Spekulant einen Gewinn gemacht, im entgegengesetzten Fall einen Verlust.

Diese Termingeschäfte wären ein gutes Betätigungsfeld für die Notenbanken, soweit die private Spekulation dieses Wechselkursrisiko nicht übernehmen könnte oder wollte. In Anbetracht der den Notenbanken zur Verfügung stehenden Mittel und der Möglichkeit, die Gewinne und Verluste zu poolen, könnten sie auch für längere Zeit einmal Verluste ertragen, die dann später wieder durch Gewinne ausgeglichen werden. Da nämlich bei diesen Termingeschäften der eine verliert, was der an-

---

[39] Kruse, Alfred: a. a. O., S. 264.

dere gewinnt, könnten sich die Notenbanken zusammenschließen und auf lange Sicht auf jeden Gewinn verzichten, damit aber auch die Verlustgefahr beseitigen. Man erreicht das, indem man alle bei diesen Geschäften gemachte Gewinne, aber auch alle Verluste auf die beteiligten Notenbanken aufteilt. Auf diese Weise gleichen sich Gewinne und Verluste bei jeder Notenbank aus. Darüber hinaus könnte für einen Teil der kurzfristigen internationalen Kredite eine Sicherung in der Form erfolgen, daß die Notenbanken eine Diskontierng von Handelswechseln, die auf eine fremde Währung lauten, vornehmen[40].

Dieses Kursrisiko besteht übrigens genauso bei festen Wechselkursen wegen der von Zeit zu Zeit stattfindenden Auf- oder Abwertungen. Man denke nur an den März 1961, als DM- und Guldenaufwertung den Terminmarkt völlig lahmlegten[41]. Das ist aber kein Einzelfall. Schon jetzt werden wieder Rufe nach einer Aufwertung laut, diesmal gelten sie dem französischen Franc[42]. Ferner hat Chile in neuester Zeit die Außenhandelsliberalisierung wieder eingeschränkt und zwei verschiedenen Devisenkurse geschaffen[43]. Das sind die jüngsten Beispiele von Wechselkursrisiken im System fester Wechselkurse.

Es zeigt sich also, daß auch bei festen Wechselkursen das Wechselkursrisiko besteht und daß sich auch in jüngster Zeit nichts daran geändert hat und sich auch nichts ändern wird. Gerade durch die eben geschilderten Vorgänge bei festen Wechselkursen werden die Terminmärkte oft in Unruhe versetzt, wobei Unsicherheit und Verwirrung die Folge sind.

d) Erschwerung des langfristigen internationalen Kapital- und Kreditverkehrs

Dem freien Wechselkurs wird zum Vorwurf gemacht, daß er den langfristigen internationalen Kapital- und Kreditverkehr hemme. Zwei Einwände sind hierbei zu unterscheiden. Zum einen wird gesagt, daß Schuldner und Gläubiger, je nachdem in wessen Währung der Kredit gegeben worden ist, das Risiko einer Wechselkursänderung während der Dauer der Kaufkraftübertragung scheuen und deshalb eine Kreditaufnahme bzw. -vergabe unterlassen. Der zweite Einwand weist darauf hin, daß durch die Kreditübertragung selbst eine den Gläubiger bzw. den Schuldner schädigende Wechselkursänderung hervorgerufen werde. Wir wollen zunächst den zuerst genannten Einwand behandeln.

---

[40] Vgl. Kruse, Alfred: a. a. O., S. 264.
[41] Vgl. Industriekurier vom 25. 3. 61 (Funktionsunfähige Devisenterminmärkte).
[42] Vgl. Deutsche Zeitung vom 10/11. 3. 62 (Der französische Franc ist begehrt).
[43] Vgl. Deutsche Zeitung vom 17./18. 3. 62 (Chile stoppt die Liberalisierung).

Es ist auch hierbei wieder zu beachten, daß das genannte Risiko, wie bereits mehrfach erwähnt, ebenfalls bei festen Wechselkursen besteht. Es muß immer wieder darauf hingewiesen werden, daß die sogenannten festen Wechselkurse ja nicht ewig fest sind. Wer einerseits unverrückbar feste Wechselkurse unterstellt, andererseits aber starke Wechselkursschwankungen annimmt, geht von unterschiedlichen Voraussetzungen aus, was nicht statthaft ist. Unverrückbar feste Wechselkurse setzen eine gleichmäßige wirtschaftliche Entwicklung oder eine Stagnation voraus, während stärkere Wechselkursschwankungen in der Regel unruhige, krisenhafte Zeiten andeuten. Für diesen letzteren Fall bringen feste Wechselkurse die Gefahr von plötzlichen Paritätsänderungen oder Devisenzwangsbewirtschaftung, was ein mindestens ebenso großes Risiko darstellt wie mögliche Wechselschwankungen. Besonders die Gefahr, daß bei festen Wechselkursen manche Währungen zu sogenannten „Mausefallenwährungen" werden, d. h., daß Kapital herein-, aber nicht mehr herausgelassen wird, ist ein ernsthaftes Hindernis für den internationalen Kapital- und Kreditverkehr.

Da größere internationale Kredite wohl meist in der Währung des Gläubigers gegeben werden, schon wegen seiner stärkeren wirtschaftlichen Position gegenüber dem Schuldner, wird für letzteren eine Wechselkursverschlechterung darüber hinaus auch deswegen nicht so gefährlich sein, weil unter diesen Umständen meist ein steigendes Preisniveau anzutreffen ist. Der Schuldner, der ja in der Regel ein produktives Unternehmen sein wird, kann aus diesem Grunde dann auch seine Leistungen teurer verkaufen und somit (fast) ohne zusätzliche Mehranstrengungen den in inländischer Währung gestiegenen Schuldbetrag aufbringen[44]. Die gleiche Feststellung gilt auch, falls der Staat der Kreditnehmer ist. Ein gestiegenes Preisniveau (inflationäre Entwicklung) vermehrt auch die Steuereinnahmen, die ja Prozentsätze darstellen. Hierdurch wird dem Staat die Rückzahlung des Kredites bei gesunkenem Wechselkurs erleichtert.

Weiterhin kann das Risiko einer Wechselkursänderung bei Vergabe langfristiger Kredite durch eine Gold- oder Indexklausel abgesichert werden. „Die Schuldsumme wird z. B. mit dem Goldpreis oder einem Warenindex verknüpft[45]." Verlustmöglichkeiten dadurch, daß eine Währung weitgehend an Wert verliert oder im Werte steigt, während die geschuldete Summe nominell die gleiche geblieben ist, werden auf diese Weise also ausgeschaltet. Dies ist natürlich auch allgemein ein Mittel, um sich gegen die Folgen einer Inflation oder Deflation zu schützen.

---
[44] Vgl. Küng, Emil: a. a. O., S. 587 — Hahn, Albert: Monetäre Integration — Illusion oder Realität? in: Internationale Währungs- und Finanzpolitik, Berlin 1961, S. 118.
[45] Kruse, Alfred: a. a. O., S. 254.

II. Einwände gegen den freien Wechselkurs

Schließlich ist auch noch ein Gedanke von Küng[46] aufzugreifen, der besagt, daß Wechselkursschwankungen noch weniger gefährlich werden, falls Kapitalübertragungen nicht in Form von Darlehen, sondern von Beteiligungen oder Neugründungen erfolgen. Somit wird der Kreis gefährdeter Kredit- und Kapitalübertragungen noch weiter eingeschränkt, denn die Bindung an eine wirtschaftliche Substanz erhöht die Sicherheit, zumindest *keine Verluste* in diesem Kreditgeschäft hinnehmen zu müssen.

Erheblich gewichtiger dürfte der zweite Einwand sein, der besagt, daß durch die Kreditübertragung selbst eine schädigende Wechselkursänderung hervorgerufen werden könne. Es sind hierbei zwei Fälle zu unterscheiden[47]: a) Der Kredit wird in der Währung des Gläubigers, b) der Kredit wird in der Währung des Schuldners gegeben.

Zu a): In diesem Falle bekommt der Schuldner also ausländische Währungseinheiten. Fragt er nun inländische Währungseinheiten nach, so wird er deren Kurs in die Höhe treiben. Er wird z. B. nun nicht mehr 20 Cents für 1 DM aufwenden müssen, sondern 25, d. h., daß er für 1 Dollar nicht mehr 5, sondern nur noch 4 DM bekommt. Zahlt er nun später den Kredit zurück, so drückt er damit den eigenen Wechselkurs bzw. erhöht den fremden. Hatte sich der Kurs z. B. wieder auf 1 Dollar = 5 DM eingespielt, so wird er jetzt vielleicht 6 DM aufwenden müssen, um 1 Dollar zu bekommen. Die Veränderungen sind natürlich übertrieben worden, um sie deutlicher zu machen. Festzustellen bleibt aber, daß der Schuldner einen doppelten Eintauschverlust erleidet.

Zu b): In diesem Falle muß der Gläubiger zweimal ein Einwechseln in eine andere Währung vornehmen und erleidet dann seinerseits den doppelten Verlust.

Bei der Behandlung dieses Einwandes muß nun aber folgendes überlegt werden:

Zunächst sind die Schwankungen lange nicht so groß wie in dem gewählten Beispiel, was die Verluste weit geringer werden läßt. Unter Umständen werden sie sogar so minimal, daß sie so gut wie gar nicht in Erscheinung treten. Aber man kann ja einwenden, daß das immer noch ungünstiger sei, als wenn solche Verluste überhaupt nicht vorhanden wären (nämlich im System fester Wechselkurse).

Weiter braucht der Schuldner, einmal vorausgesetzt, daß er das Wechselkursrisiko zu tragen habe (wie es ja in der Regel der Fall sein wird), nicht sogleich den ganzen Kredit in Anspruch zu nehmen[48]. Er kann

---
[46] Küng, Emil: a. a. O., S. 574, Anmerkung 57.
[47] Nach Kruse, Alfred: a. a. O., S. 252 ff., der dieses Problem ausführlich behandelt und auf den daher verwiesen wird.
[48] Vgl. Kruse, Alfred: a. a. O., S. 254.

von der Summe, je nach Bedarf, einzelne Beträge abdisponieren. Dadurch wird das zusätzliche Angebot an fremder Währung bzw. die zusätzliche Nachfrage nach eigener Währung im Verhältnis zum Gesamtangebot bzw. zur Gesamtnachfrage so gering, daß eine Wechselkursveränderung dadurch kaum eintreten kann.

Werden vom Schuldner z. T. Waren im Gläubigerland gekauft, so verringert dieser Vorgang überhaupt die umzutauschende Geldmenge. Ist sogar eine Warenbindung des Kredits vorgesehen, so kann überhaupt jeder Geldumtausch fortfallen[49]. Hier taucht das Transferproblem dann allerdings bei der Rückzahlung des (Waren-)Kredites auf. Dabei ist aber darauf hinzuweisen, daß die Rückzahlung des Kredites in Raten erfolgen kann, so daß die Feststellung, die im vorigen Absatz gemacht worden ist, auch für diesen Fall zutrifft.

Weiterhin ist zu beachten, daß die durch die Kredit- und Kapitalübertragungen selbst induzierten Wechselkursänderungen vom Umfang der bereitgestellten Mittel abhängig sind[50]. Kleinere Kredite werden also wegen der im Verhältnis zum Gesamtangebot oder zur Gesamtnachfrage geringen Steigerung des Angebots oder der Nachfrage keine merklichen Wirkungen auf den Wechselkurs ausüben.

Bei großen Kreditbewegungen werden erstens die dadurch induzierten Wechselkursbewegungen von der Spekulation weitgehend ausgeglichen, die sofort wegen der gestiegenen Gewinnaussichten eingreifen und somit die Bewegungen weitgehend dämpfen wird, so daß der zusätzlichen Nachfrage ein zusätzliches Angebot (bzw. umgekehrt) gegenübersteht. Dadurch werden die evtl. Verluste für Gläubiger oder Schuldner stark verringert. Es ist auch zu beachten, daß in diesem Falle (große Kreditbewegungen) bei festen Wechselkursen ernsthafte Zahlungsbilanzstörungen auftreten können[51], mit ebenfalls negativen Folgen für Schuldner oder Gläubiger[52].

Zweitens werden solche Riesenkredite, die wir jetzt unterstellt haben, meist in Raten gegeben bzw. abberufen und drittens werden es keine Konsumkredite, sondern in der Regel Produktionskredite sein, die also Investitionen zur Folge haben. Das bedeutet, daß auch in größerem Umfange Güter des Gläubigerlandes (Investitionsgüter) gekauft werden, die einzutauschende Devisenmenge also dadurch auch weit geringer wird. Ja, solche Riesenkredite werden überhaupt oft nur in Form von Lieferungen hochwertiger Investitionsgüter gegeben. Die Rückzahlung dieser großen Kredite wird analog dem bei Warenbindung des

---

[49] Vgl. Kruse, Alfred: a. a. O., S. 254.
[50] Kruse, Alfred: a. a. O., S. 263.
[51] Es handelt sich ja nicht um Kreditbewegungen zum Zwecke des Zahlungsbilanzausgleiches.
[52] Schlimmstenfalls Devisenzwangsbewirtschaftung, was natürlich weniger für den Kapitalhereinstrom als für den Kapitalherausstrom gilt.

Kredites Gesagten niemals auf einmal erfolgen, sondern in Teilbeträgen. So wird auch in diesem Falle die Kreditgewährung nicht zu starken Wechselkursschwankungen führen, unter Umständen sogar zu gar keinen.

Handelt es sich bei den ausländischen Zahlungsmitteln, die zuerst in das Inland hereinströmen und nach einiger Zeit wieder abfließen, nicht um solche, die im Inlande produktiv oder konsumtiv verwendet werden, Warenströme also entfallen, so kann es sich im System freier Wechselkurse, wo ja keine Zahlungsbilanzhilfen gebraucht werden, nur um spekulativ eingesetzte ausländische Mittel handeln. Da es sich in diesem Falle also um sogenanntes „heißes Geld" handelt, kann es nicht als Nachteil gelten, wenn durch das zweimalige Umwechseln wegen des sich verändernden Wechselkurses Verluste entstehen. Im Gegenteil, das ist sehr positiv zu bewerten, wie bei der Behandlung des Kapitalfluchtargumentes noch zu zeigen sein wird.

Noch auf ein letztes Argument ist in diesem Zusammenhange einzugehen. Bei tendenziellen Kapitalimportländern, bei denen diese Situation über eine längere Zeitspanne erhalten bleibt, wird sich der Wechselkurs durch die ständige Nachfrage nach einheimischer Währung auf einem relativ hohen Niveau einspielen. Hierdurch wird die Exportindustrie dieses Landes benachteiligt, da ihre Produkte auf dem Weltmarkt aus diesem Grunde verhältnismäßig teuer sind. Das ist richtig. Zu überlegen ist aber, was in dieser Situation in einem System fester Wechselkurse geschieht. Der ständige Kapitalimport wird bei festen Wechselkursen die Geldmenge im Inlande stark anschwellen lassen, da die Notenbank ja verpflichtet ist, alle ihr angebotenen fremden Währungseinheiten gegen Hingabe von eigenen anzukaufen. Eine inflationistische Geldvermehrung mit ansteigendem Preisniveau wird die unausbleibliche Folge sein. Hierdurch werden die exportorientierten Industriebetriebe nicht weniger in Schwierigkeiten gebracht als durch einen relativ hohen Wechselkurs. Im Gegenteil, die sonstigen schädlichen Wirkungen einer inflationistischen Geldvermehrung sind so groß, daß dem ein hoher Wechselkurs vorzuziehen ist.

e) Anreiz zur Kapitalflucht

Ein weiterer Einwand gegen freie Wechselkurse besteht darin, daß man sagt, freie Wechselkurse gäben einen Anreiz zu spekulativen Kapitalübertragungen, insbesondere zur Kapitalflucht. Kapitalflucht bedeutet einen Abfluß inländischer Kaufkraft. Inländer versuchen, ihr flüssiges Vermögen auf ausländische Bankkonten zu überweisen bzw. in fremde Barzahlungsmittel umzuwandeln[53]. Ursachen der Kapitalflucht können Mißtrauen gegen die eigene Währung oder Mißtrauen gegen

---

[53] Vgl. Kruse, Alfred: a. a. O., S. 455.

die Wirtschaftslage im Inland sein[54]. Der Einwand nun, daß freie Wechselkurse solch eine Kapitalflucht begünstigen, ist sehr stark anzuzweifeln. Zwei Gründe sprechen dagegen.

Einmal üben freie Wechselkurse einen gewissen Zwang zu einer gesunden Währungspolitik aus, wie bereits mehrfach erklärt worden ist. Wegen der daraus folgenden geringeren Inflations- oder Deflationsgefahren steigt das Vertrauen in die Währung. Damit ist ein wichtiger Grund für eine Kapitalflucht ausgeschaltet. Sollten trotz allem einmal Spekulationen vorkommen, so wird wegen des Vertrauens eher ein Spekulieren für als gegen die eigene Währung einsetzen[55]. Das bedeutet, daß man bei fallendem Wechselkurs auf ein baldiges erneutes Steigen des Kurses (Rückkehr zum Gleichgewichtswechselkurs) spekuliert, also Nachfrage nach der eigenen Währung ausübt. Im entgegengesetzten Falle wird ein Steigen des Wechselkurses den umgekehrten Vorgang auslösen. Man erwartet eine baldige Rückkehr zum Gleichgewichtswechselkurs und wird daher eigene Währung anbieten.

Zum anderen braucht man im System freier Wechselkurse keine Furcht vor Abwertungen oder Aufwertungen bzw. Devisenzwangsbewirtschaftung zu haben. Damit entfallen weitere wichtige Kapitalfluchtgründe.

Ist nun aber doch einmal eine Kapitalflucht eingetreten, so weisen freie Wechselkurse zwei Vorteile gegenüber festen Wechselkursen auf. Einmal erleiden die Kapitalbesitzer durch die Wechselkursveränderung eine Einbuße, sogar eine doppelte, wenn das Kapital jemals wieder ins Inland zurückkehren sollte. Beim Herausströmen aus dem Inland wird der eigene Wechselkurs durch das vergrößerte Angebot fallen, was einen Verlust beim Einwechseln in die fremde Währung bedeutet. Umgekehrt wird bei der Rückkehr der eigene Wechselkurs wegen der vergrößerten Nachfrage ansteigen. Durch diese Verluste wird die Kapitalflucht abgebremst, denn die höheren Verluste lassen eine Flucht in die anderen Währungen weniger lohnend werden. Zweitens ist eine Kapitalflucht bei freien Wechselkursen für die Volkswirtschaft nicht so gefährlich wie bei festen, denn im System freier Wechselkurse tritt in diesem Falle „keine unmittelbare Veränderung der inländischen Geldmenge ein. Das Fluchtkapital treibt den ausländischen Wechselkurs in die Höhe und beschränkt damit den Import und fördert den Export"[56], wodurch die Geldmenge im Inland wieder vergrößert wird. Im System fester Wechselkurse fließt bei der Kapitalflucht inländisches Geld zur Notenbank, die dafür Gold und Devisen hergeben muß, ohne daß ein ausgleichender Geldzustrom induziert wird. Dadurch treten im Inland

---
[54] Vgl. Kruse, Alfred: a. a. O., S. 454.
[55] Vgl. Hahn, Albert: Autonome Konjunkturpolitik und Wechselkurs-Stabilität, Frankfurt a. M. 1957, S. 33/34.
[56] Kruse, Alfred: a. a. O., S. 266, wobei darauf zu achten ist, daß „Wechselkurs" nicht gemäß unserer Definition gebraucht worden ist.

gefährliche Deflationserscheinungen auf. Der Abstrom von Gold und Devisen kann andererseits zu ernsthaften Zahlungsbilanzkrisen mit den geschilderten Gefahren von Abwertungen oder Devisenzwangsbewirtschaftung führen.

2. Einwände im Zusammenhang mit Problemen der Wirtschaftspolitik

a) Schlagartige Änderungen der Rentabilitätslagen

Freie Wechselkurse sollen den Nachteil evtl. kurzfristiger Änderungen der Rentabilitätslagen der Unternehmungen haben. Man sagt, wie solle die Produktion an den günstigsten Standort wandern, „wenn Wechselkursänderungen vorkommen können, die schlagartig die Absatzzonen einschneidend verändern und damit ein Unternehmen unter Umständen wieder rentabel machen können, das am Tage vor der Abwertung noch abbaureif schien? Oder, die eine Investition zur glatten Fehlinvestition machen, die vor der Wechselkursänderung eine durchaus rationelle Maßnahme war?[57]"

Dazu ist zu sagen, daß eine Anpassung der Produktion an durch Wechselkursschwankungen verursachte kurzfristige Änderungen von Rentabilitätslagen wegen der Kürze der Zeit gar nicht erfolgen kann und kein vernünftig handelnder Unternehmer es überhaupt versuchen wird. Dieses Problem taucht erst auf, wenn sich der Wechselkurs langfristig nach einer Richtung hin verlagert und wird noch gleich zu behandeln sein. Wenn hingegen der Wechselkurs kurzfristig schwankt, so hat das für die Unternehmungen nur die Wirkung, daß auch für sie auf schlechtere Zeiten wieder bessere kommen und umgekehrt. Auch auf dem Inlandsmarkt erzielen die Betriebe nicht nur Gewinne, sondern müssen auch einmal Zeiten schlechter Geschäftslage mit eintretenden Verlusten durchlaufen. Die Verluste der einen Periode werden dann durch die Gewinne der anderen Periode wieder ausgeglichen, bei Betätigung auf dem Auslandsmarkt nicht anders als bei Betätigung auf dem Inlandsmarkt. Der zusätzliche Nachteil der am Außenhandel beteiligten Unternehmungen durch für sie ungünstige Wechselkurse wird ein andermal durch den zusätzlichen Vorteil für sie günstiger Wechselkurse aufgehoben. Außerdem ist ein starkes Schwanken der Wechselkurse, wie bereits ausführlich behandelt, sehr unwahrscheinlich, nicht zuletzt wegen der ausgleichenden Wirkung der Spekulation, eines evtl. zu schaffenden Währungsausgleichsfonds und wegen der meist gesünderen Wirtschaftspolitik und sonstigen Vorteile, die freie Wechselkurse zur Folge haben.

---

[57] Meyer, Fritz W.: Stabile oder bewegliche Wechselkurse? Ordo-Jahrbuch, 4. Bd, Bad Godesberg 1951, S. 345 ff.

Sollte sich eine *dauernde* erhebliche Veränderung des Wechselkurses ergeben, so handelt es sich um eine fundamentale Änderung der Wirtschaftsituation, auf die sich die Wirtschaftenden einzustellen haben. Selbst wenn diese Umstellung schmerzhaft sein sollte, muß sie erfolgen, denn die Betriebe sind nicht um ihrer selbst willen da, sondern, um wirtschaftliche Gegebenheiten auszunutzen. Diese Folgerung gilt genauso für feste Wechselkurse. Wenn sich die Verhältnisse fundamental geändert haben, muß auch hier eine Umstellung erfolgen. Paritätsänderungen sind dann nicht zu umgehen. Wollte man es doch tun, würden die Schäden nur noch größer werden. Außerdem wird der freie Wechselkurs wohl kaum in der Weise schwanken, daß er eine lange Zeit in einer extremen Stellung verharrt, bis die dadurch in Schwierigkeiten gekommenen Unternehmen sich umgestellt oder den Standort gewechselt haben, um dann in die andere Extremlage zu wandern und dort so lange zu verharren, bis wieder alles zerstört worden ist, was sich so mühsam den veränderten Verhältnissen angepaßt hatte.

b) Behinderung der Integration von Wirtschaftsgebieten

Gegen freie Wechselkurse wird der Einwand erhoben, daß sie einer Integration von Wirtschaftsgebieten entgegenstehen. Im Zusammenhang mit dieser Behauptung wird oft auf das Beispiel der EWG verwiesen. Dazu ist zunächst ganz allgemein zu sagen, daß das Währungsproblem bei der Schaffung dieser Vertragswerke überhaupt vernachlässigt worden ist. Man hat es der Zukunft überlassen, eine Lösung dieses Problems zu finden. Die beste Lösung wäre ohne Zweifel eine einheitliche Währung[58]. Nur sie kann in vollkommener Weise mehrere Volkswirtschaften zu einem einheitlichen Binnenmarkt zusammenfassen. Solange diese Art der Lösung des Währungsproblems aber noch nicht möglich ist oder noch unratsam erscheint, sind freie Wechselkurse günstiger als feste. Wie bereits gezeigt, können die Mitgliedstaaten in diesem Falle weiterhin eine autonome Konjunktur- und Wirtschaftspolitik treiben. Daß sie dies wollen bzw. daß dies als nötig erachtet wird, zeigt ja eben gerade die Tatsache der fehlenden gemeinsamen Währung. Wäre ein völliger Gleichklang der Geld- und Wirtschaftspolitik bei allen Partnern gegeben, so ist nicht einzusehen, warum man sich nicht stärker um eine einheitliche Währung kümmert, denn so stark sind die sonstigen politischen Bedenken keineswegs. Ist die Integration aber noch nicht so weit fortgeschritten, führen feste Wechselkurse leichter als freie zu schweren Störungen und ernsthaften Gefährdungen der Wirtschaftsgemeinschaft, da feste Wechselkurse niemals auf die Dauer Gleichgewichtskurse sein können.

---

[58] Vgl. Sohmen, Egon: Fixierte Wechselkurse — ein realistisches Rezept? in: Der Volkswirt 1961, Heft 33, S. 1732, und Kruse, Alfred: a. a. O., S. 588 ff., der ausführlich dieses Problem behandelt hat.

II. Einwände gegen den freien Wechselkurs 55

Wenn schon die Tatsache von Wechselkursschwankungen im System freier Wechselkurse negativ beurteilt wird, dann muß das erst recht für die plötzlichen Paritätsänderungen im System fester Wechselkurse gelten. Und daß Paritätsänderungen oder sonstige integrationsstörende Maßnahmen bei festen Wechselkursen von Zeit zu Zeit notwendig sind, ist hinreichend dargelegt worden und kann bis zum heutigen Tage auch in der Praxis verfolgt werden[59].

Nun wird im Zusammenhang mit der Erörterung von Integrationsbestrebungen auch noch angeführt, daß bei einem System freier Wechselkurse umfangreiche internationale Vereinbarungen notwendig seien, was eine zusätzliche Komplizierung der Wirtschaftsverhältnisse bedeute[60]. Man sagt sogar, daß auf diese Weise eine mißbräuchliche Benutzung des „Instruments" der freien Wechselkurse ausgeschaltet werden müsse.

Hierzu ist zu sagen, daß freie Wechselkurse weniger ein Instrument als ein Barometer sind, das Änderungen wirtschaftlicher Verhältnisse anzeigt. Weiterhin muß noch einmal darauf verwiesen werden, daß in diesem Wechselkurssystem die Notenbanken nur kleinere Kursschwankungen mittels eines Währungsausgleichsfonds zu glätten haben, bei Auftreten fundamentaler Ungleichgewichte aber nicht gegen den Markt arbeiten dürfen. Eine andere Staaten störende stärkere mißbräuchliche Kursbeeinflussung wäre somit bei Einhaltung der Spielregeln nicht möglich und außerdem an der Veränderung der Gold- und Devisenreserven leicht zu erkennen, denn ein anderer als der Gleichgewichtskurs kann auf die Dauer nur mittels umfangreicher und anhaltender Interventionen in dieser oder jener Richtung gehalten werden.

Wir können vielmehr sagen, was auch im Verlaufe der Arbeit bereits mehrfach zum Ausdruck gekommen ist, daß es geradezu das Kennzeichen freier Wechselkurse ist, daß sie weniger umfangreiche internationale Vereinbarungen nötig machen, denn sie wirken automatisch auf eine allgemeine Gleichgewichtslage hin, eine Wirkung, die eben gerade bei festen Wechselkursen durch umfangreiche internationale Vereinbarungen ersetzt werden muß.

3. Einwände im Zusammenhang mit dem Inflationsproblem

a) Wechselkursänderungen können eine Lohn-Preis-Spirale in Gang setzen

Es wird gegen freie Wechselkurse der Einwand erhoben, daß eine Wechselkursverschlechterung, die gleichbedeutend mit einer Einfuhr-

---
[59] Siehe dazu die auf S. 47 bereits zitierten Pressemeldungen.
[60] Vgl. Deutsche Zeitung vom 11. 7. 1960 (Diskussion um flexible Wechselkurse) und Möller, Hans: Flexible Wechselkurse — ein unrealistisches Rezept, in: Der Volkswirt 1961, Heft 28, S. 1354.

B. Das Für und Wider des Überganges

verteuerung ist, Lohnerhöhungen nach sich ziehen würde, da nun der Lebenshaltungskostenindex gestiegen sei. Das gilt besonders für den Fall, wenn Lebenshaltungsindex und Lohnhöhe gekoppelt sind. Diese Lohnerhöhungen bedeuten eine Kostensteigerung, die ihrerseits wieder zu Preissteigerungen führt, was wiederum einen (weiter) sinkenden Wechselkurs zur Folge hat.

Als erstes muß hierbei auf die Feststellung von Korner[61] verwiesen werden, der darauf aufmerksam gemacht hat, daß eine Wechselkurssenkung nicht Ursache, sondern Anzeiger einer bereits eingetretenen inländischen Teuerung ist. Das Preisniveau hat sich also schon so angehoben, daß es zu einer Wechselkursverschlechterung gekommen ist. Der Wechselkurs zeigt also die Verteuerung der Lebenshaltung nur an, bewirkt sie aber nicht. Das dürfte im Normalfall die Ursache einer Wechselkursverschlechterung sein, wobei es dann im System fester Wechselkurse schließlich zu einer Abwertung kommen dürfte, auf die dann der hier zu behandelnde Einwand genauso zuträfe. Oder man müßte bei festen Wechselkursen zu Importrestriktionen oder Deflationen Zuflucht suchen. Importrestriktionen haben aber zumindest ebenso starke negative Auswirkungen wie der dem freien Wechselkurs hier vorgeworfene Nachteil. Deflationen hingegen sind zwar ein Mittel zur Bekämpfung von Inflationen, jedoch ist die richtige Dosierung sehr schwer. Die Auswirkungen können leicht das beabsichtigte Ausmaß übersteigen und so der Volkswirtschaft erheblichen Schaden zufügen. In den meisten Fällen dürfte der freie Wechselkurs also schon aus diesen Gründen kein Nachteil gegenüber festen Wechselkursen bedeuten.

Aber nehmen wir einmal an, die Wechselkurssenkung sei nicht die Folge einer bereits eingetretenen inländischen Teuerung, sondern durch irgendwelche spekulativen Handlungen bewirkt worden. Hier könnte dieser Einwand schon eher Geltung haben, jedoch ist folgendes zu beachten:

Es handelt sich hier also um seltener vorkommende Fälle, was die Wirksamkeit des Argumentes schon einschränkt. Sehr bedeutsam ist ferner die Tatsache, daß die Importwaren nur zu einem kleinen Teil in den Lebenshaltungskostenindex des Lohnempfängers eingehen, da dieser Index hauptsächlich unmittelbar durch inländische Güter und Dienstleistungen bestimmt wird[62]. Die Verteuerung von Importgütern wirkt sich also nur verhältnismäßig gering auf den Lebenshaltungskostenindex aus.

---

[61] Korner, Emil: Freier Wechselkurs und richtiges Geld die Heilmittel für jedes Außenhandelsdefizit, Schmollers Jahrbuch 1955, Heft 3, S. 319 f.
[62] Indirekt gehen natürlich auch die Preise der ausländischen Rohstoffe mit in den Lebenshaltungskostenindex ein.

II. Einwände gegen den freien Wechselkurs 57

Der Haupteinwand gegen die These aber, daß im System freier Wechselkurse durch Wechselkursänderungen eine Lohn-Preis-Spirale in Gang gesetzt werden könnte, ist folgender: Da in diesem Falle die Geldmenge gleich geblieben ist[63], müssen, falls die Importgüterpreise gestiegen sind, alle anderen Preise fallen. Somit entfallen also Steigerungen der Lebenshaltungskosten, welche die Ursache für kosten- und damit wiederum preissteigernde Lohnerhöhungen sein könnten.

Schließlich ist daran zu denken, daß eine Kurssenkung eine Förderung der Exportindustrie und damit auch ihrer Zulieferbetriebe bedeutet, was unter normalen Bedingungen, die hier nur in Betracht gezogen werden können, eine Produktionssteigerung und Kostensenkung vieler Industriebetriebe zur Folge hätte. Selbst wenn sich also Lohnerhöhungstendenzen aus irgendeinem Grunde bemerkbar machten, stünden ihnen Kostensenkungstendenzen gegenüber, was den Effekt der ersteren stark abschwächen würde.

*b) Inflationstendenzen lassen sich nicht
internationalisieren und sind daher stärker spürbar*

Dieser Einwand gegen freie Wechselkurse besagt, daß die in einem Lande ausgelösten Inflationstendenzen sich bei festen Wechselkursen leichter auf andere Volkswirtschaften übertragen lassen und daher in dem betreffenden Ursprungsland weniger Auswirkungen zeigen, was sehr positiv zu werten sei und was für freie Wechselkurse nicht zuträfe[64].

Dieser Einwand muß auf das schärfste zurückgewiesen werden. Er bedeutet ein Plädoyer für eine exportierte Inflation. In einer Zeit, in der man alle denkbaren Auswege sucht, um einer weltweiten schleichenden Inflation zu entgehen, darf aber keineswegs empfohlen werden, solche Inflationstendenzen zu unterstützen, indem man den undisziplinierten Ländern auf Kosten der anderen Volkswirtschaften ihre währungsgefährdende Politik erleichtert. Diese Länder sollten vielmehr in vollem Umfange die Folgen ihrer leichtsinnigen Geldpolitik zu spüren bekommen. Wer eine inflationistische Währungspolitik betreiben will, der kann es auch bei freien Wechselkursen tun. Es ist aber nicht einzusehen, warum andere Länder gezwungen werden sollen, in die Inflation zu folgen.

---

[63] Sollte eine inflationäre Entwicklung im Inlande die Ursache der Wechselkurssenkung sein, so ist der hier zu behandelnde Einwand gegen freie Wechselkurse sowieso unzutreffend, wie zu Beginn dieses Abschnittes gezeigt worden ist.
[64] Möller, Hans: a. a. O., S. 1355.

Dieser hier eben erörterte Einwand muß also mit aller Schärfe abgelehnt werden, da er gerade das anpreist, was mit allen Mitteln bekämpft werden muß.

c) Freie Wechselkurse führen zum Vertrauensschwund in die Währung

Der abschließend noch zu behandelnde Einwand gegen freie Wechselkurse wird am besten durch ein Zitat erläutert. Geheimrat Vocke, der ehemalige Präsident der Bank deutscher Länder, wendet sich gegen die Konvertibilität bei freien Wechselkursen, indem er sagt[65]: „Ich kann mir unter einer solchen Konvertibilität praktisch nicht viel denken, gleichviel ob der Mark- oder welcher Währung auch immer. Mir scheint das Wichtigste, der Welt das unbedingte Vertrauen zu geben, daß sie an der betreffenden Währung nichts verliert. Der Sparer im Innern muß sich darauf verlassen können, daß der Wert der Währung erhalten bleibt, und ebenso auch der ausländische Gläubiger, daß er Vertrauen haben darf zur Stabilität der Währung und daß er nichts verliert, wenn er in diese Währung geht oder sein Geld darin stehen läßt... Vertrauen ist das Wort, auf das letzten Endes bei der Währung alles ankommt."

Vertrauen in die Währung muß man haben, das ist richtig. Vertrauen ist aber bei festen Wechselkursen keineswegs angebrachter als bei freien. Weder kann sich der Sparer darauf verlassen, daß der Wert der Währung erhalten bleibt — im Gegenteil, die Inflationsgefahr ist bei festen Wechselkursen viel größer als bei freien — noch kann der ausländische Gläubiger auf die Stabilität der Währung vertrauen.

„Man kann vom gegenwärtigen System nur behaupten, daß die Wechselkurse so lange fixiert sind, als sie nicht geändert werden. Damit fallen alle Argumente, die auf der Annahme wirklich fester Kurse beruhen[66]."

Weiterhin denke man an die Gefahr der Einführung der Devisenzwangswirtschaft bei festen Wechselkursen, die ebenfalls bereits im Laufe der Arbeit erläutert worden ist. Ja, feste Wechselkurse können direkt als Sinnbild der Täuschung betrachtet werden, wenn man daran denkt, wie vor den in bestimmten Zeitabständen unausbleiblichen Auf- oder Abwertungen bis zur letzten Minute geschworen werden muß, daß eine Paritätsänderung nicht in Frage käme.

Eine Währung mit freien Wechselkursen verdient folglich weit mehr Vertrauen als eine Währung mit festen Wechselkursen. Sollte jedoch

---

[65] Vocke, Wilhelm: Gesundes Geld (Gesammelte Reden und Aufsätze zur Währungspolitik), Frankfurt a. M. 1956, S. 118.
[66] Sohmen, Egon: a. a. O., S. 1732.

II. Einwände gegen den freien Wechselkurs

hier und da ein Mißtrauen gegen freie Wechselkurse bestehen, so hat das nur seinen Grund darin, daß man immer und immer wieder auf die Wichtigkeit fester Wechselkurse für das Vertrauen in eine Währung hingewiesen hat. „Erst schafft man Mißtrauen, dann stützt man sich freudig auf das Mißtrauen als Argument[67]." Hahn bemerkt in diesem Zusammenhang treffend, daß kaum jemand Mißtrauen gegen freie Wechselkurse hegen würde, wenn man darauf hingewiesen hätte, daß Wechselkursstabilität und Wertstabilität nicht identisch sein müßten[67].

---

[67] Hahn, Albert: a. a. O., S. 33/34

C. Auswirkungen des Überganges zu freien Wechselkursen

Nachdem im vorangegangenen Kapitel die beiden einzigen im Augenblick für längere Zeit in Frage kommenden Wechselkursformen, nämlich der feste und der freie, auf ihre Vor- und Nachteile hin untersucht worden sind, sollen im nun folgenden Teil der Arbeit die möglichen sonstigen Auswirkungen einer evtl. Einführung freier Wechselkurse behandelt werden. Es soll zunächst mit *den* Auswirkungen begonnen werden, die von der *Zahl* der zu freien Wechselkursen übergehenden Länder abhängig sind, d. h. es soll untersucht werden, welche unterschiedlichen Auswirkungen auftreten, je nachdem ob nur ein einzelnes Land, mehrere oder alle Länder freie Wechselkurse einführen. Weiter soll dann erörtert werden, ob es ebenfalls von Bedeutung ist, ob es sich bei dem einen freien Wechselkurs einführenden Land um ein Industrieoder um ein Agrar- bzw. Rohstoffland handelt.

Abgeschlossen wird dieser Teil durch eine Untersuchung der Auswirkungen, die von der Art und Weise der Einführung freier Wechselkurse ausgehen. Hierbei wird also die Frage behandelt, ob man freie Wechselkurse schlagartig einführen oder ob man zunächst zeitweilig begrenzt schwankende Wechselkurse gestatten soll. Eine weitere Lösungsmöglichkeit wäre schließlich noch die, daß man zunächst eine Bandbreite festlegt, diese dann aber ständig erweitert, u. zw. so lange, bis man sie zum Schluß ganz aufhebt.

Es muß gleich zu Anfang darauf hingewiesen werden, daß es sich bei diesen theoretischen Untersuchungen nur darum handeln kann, Tendenzen und grundsätzliche Auswirkungsrichtungen aufzuzeigen. Die gefundenen Ergebnisse können selbstverständlich durch mannigfache äußere Umstände, wie z. B. Kriege und sonstige Krisen oder auch durch eine bestimmte Währungs- und Wirtschaftspolitik beeinflußt werden. Das ändert aber nichts an der grundsätzlichen Richtigkeit der aufgezeigten Auswirkungen der Einführung freier Wechselkurse.

I. Auswirkungen, die von der Zahl der zu freien Wechselkursen übergehenden Länder abhängig sind

1. Ein einzelnes Land geht zum freien Wechselkurs über

Im vorigen Kapitel ist festgestellt worden, daß die Spekulation auf die Wechselkursschwankungen in der Regel ausgleichend wirkt. Dabei

I. Die Bedeutung der Zahl freie Wechselkurse einführender Länder

bezogen sich die Untersuchungen des einfacheren Verständnisses wegen nur auf zwei Länder und auf die Veränderung der Kurse im Zeitablauf. Hier, wo nun die Auswirkungen untersucht werden, die von der *Zahl* der Länder ausgehen, die freie Wechselkurse einführen, kann auch die Frage behandelt werden, was geschieht, wenn man mehr als zwei Währungen in Betracht zieht und eine davon freie Wechselkurse hat. In diesem Falle kann man nämlich mittels der Arbitrage, ohne die Veränderung eines Kurses im Zeitablauf abwarten zu müssen, durch sofort aufeinanderfolgende Käufe und Verkäufe an den augenblicklichen Kursdifferenzen verdienen und somit auf die Kursschwankungen ausgleichend wirken.

```
              DM
        1:4 ═════ 2:1
      ╱                ╲
Dollar ───────1:2─────── Franken
      ╲      ║          ╱
       5:1   1:20    1:10
          ╲  ║   ╱
            Pfund
```

fester Wechselkurs ───

freier Wechselkurs ═══

Nehmen wir einmal ein Modell mit vier Währungen an. Eines dieser vier Länder sei zu freien Wechselkursen übergegangen, z. B. die Bundesrepublik Deutschland. Die Kurse von Dollar, Franken und Pfund dagegen seien untereinander starr. Hat sich der Kurs der DM gegenüber dem Dollar aus irgendeinem Grunde von 4:1 auf 5:1 verschlechtert, so bekommt man jetzt also für 1 Dollar 5 DM. Es ist nun ein lohnendes Geschäft, sich für 4 DM 2 Franken, für 2 Franken 1 Dollar und dafür dann wieder 5 DM einzutauschen, also aus 4 DM 5 DM zu machen. Abziehen muß man natürlich die Umtauschkosten, so daß sich der Verdienst verringert. Es sollte ja aber nur die grundsätzliche Spekulationstendenz aufgezeigt werden.

Dank dieser Dreiecksarbitrage, bei der man zur Ausgangswährung zurückkehrt, steigt aber gleichzeitig die Nachfrage nach DM[1], so daß

---

[1] Natürlich können in diesem Falle diejenigen, die sowieso DM in Dollar umwechseln wollen, u. zw. nicht um der Arbitrage willen, sondern aus anderen Gründen, den Umweg über eine dritte Währung nehmen. Da sie also nicht wieder in die DM zurückgehen, wird sich die Nachfrage nach DM zwar nicht erhöhen, jedoch wird das Angebot von DM zum Eintausch in Dollar abnehmen und so der Druck auf den DM-Kurs verringert werden.

sich ihr Kurs gegenüber dem Dollar wieder verbessert bzw. nicht weiter verschlechtert. Es wird, da ja die Arbitrage zeitig einsetzt (sobald sich ihr eine Verdienstmöglichkeit bietet), ein Glätten der Kursschwankungen vorgenommen. Die Wechselkursschwankungen können also erst gar nicht so heftig werden, wie wenn keine Arbitrage vorhanden wäre.

Durch diese Arbitrage steigert sich allerdings auch die Nachfrage nach Franken, so daß sich ihr Kurs gegenüber der DM verbessert. Die Arbitrage wird, wenn wir nur die drei Währungen DM, Dollar und Franken in Betracht ziehen, den Kurs DM : Franken tendenziell auf das Verhältnis 2,5 : 1 treiben. Erst dann bedeutet diese Dreiecksarbitrage keine Verdienstmöglichkeit mehr, denn dann bekommt man für 5 DM (bei diesem Kurs = 2 Franken = 1 Dollar) auch wieder nur 5 DM. Dieses Ergebnis wird natürlich auch wieder durch die Transferkosten verändert, es kommt ja aber hier nur, wie bereits erwähnt, auf die grundsätzlichen Tendenzen an.

Nun ist, um bei unserem Beispiel zu bleiben, der Franken aber nicht die einzige Währung, die zur Dreiecksarbitrage benutzt werden kann. Wir haben ja noch das Pfund. Hat die Spekulation durch die Dreiecksarbitrage das Verhältnis DM : Franken auf z. B. 2,2 : 1 hinaufgedrückt, so wird man jetzt feststellen, daß der Weg über das Pfund noch lukrativer ist. Man bekommt nämlich unter den jetzigen Bedingungen beim Umweg über das Pfund für 20 aufgewandte DM (= 1 Pfund = 5 Dollar) 25 DM, während man bei der Arbitrage über den Franken inzwischen 22 DM aufwenden muß (= 10 Franken = 5 Dollar), um 25 DM zu erhalten. Erst wenn sowohl der Umweg über den Franken als auch über das Pfund gleich teuer geworden sind, werden die Kurse wieder weiter emporgedrückt werden. Da wir nun aber in der Realität nicht nur zwei der Dreiecksarbitrage dienende Währungen haben, sondern viele, so bedient sich die Arbitrage auch vieler Währungen und läßt diese daher weniger schwanken als im Modell angenommen wurde. Der gesamte Geldstrom wird dann aber schließlich vereinigt, um aus dem Dollar in DM eingewechselt zu werden, verbessert also wieder mit seiner ganzen Kraft den Kurs der DM, dessen Verschlechterung der Anlaß zu eben beschriebener Arbitrage war. Somit wird also durch die Arbitrage ein Glätten der Kursbewegung DM : Dollar vorgenommen.

Auf diese Weise werden nun allerdings auch die anderen Kurse der DM in Bewegung gesetzt. Da sich aber die Arbitrage vernünftigerweise, um einen größtmöglichen Verdienst zu haben, vieler Währungen bedienen wird, werden diese nur relativ wenig schwanken. Dagegen ist die glättende Wirkung auf die Bewegung des Kurses DM — Dollar sehr stark. Der Erfolg dieser Handlungsweise rechtfertigt also die

I. Die Bedeutung der Zahl freie Wechselkurse einführender Länder 63

geringen induzierten Kursschwankungen der an den Dreiecksarbitragen beteiligten dritten Währungen. Außerdem ist auch ein extrem hohes Schwanken des Verhältnisses DM : Dollar unseren Ausführungen zugrunde gelegt worden. Da diese eine Dreiecksarbitrage auslösende Wechselkursveränderung in Wirklichkeit meist viel geringer ist[2], werden auch die bei den Drittwährungen induzierten Schwankungen der Wechselkurse noch unbedeutender sein.

a) Das zum freien Wechselkurs übergehende Land ist für den Welthandel unbedeutend

Nun speziell zu den Auswirkungen, wenn es sich bei dem einzelnen Land, das zum freien Wechselkurs übergeht, um ein kleines, wirtschaftlich unbedeutendes Land handelt. In diesem Falle ist die Wahrscheinlichkeit sehr groß, daß von der Einführung eines freien Wechselkurses durch dieses eine Land keine Rückwirkungen auf andere Länder ausgehen. Der Anteil dieses Landes am Welthandel ist so gering, daß eine Verteuerung oder Verbilligung seiner Waren durch den sich evtl. verändernden Wechselkurs kaum Auswirkungen auf die Weltmarktpreise haben wird. Ganz allgemein wird es für die meisten anderen Länder nur von geringem Interesse sein, ob der Wechselkurs dieses kleinen Landes schwankt oder nicht, da der Handels-, Kapital- und Kreditverkehr mit diesem Land nur einen geringen Umfang haben wird. Andererseits dürfte es für das betreffende kleine Land selbst auch noch ungefährlicher als für größere Länder sein, zum freien Wechselkurs überzugehen. Es ist nämlich für die Weltwirtschaft viel zu unbedeutend, um Unruhe, Spekulationen und auf das Ursprungsland selbst wieder rückwirkende weltwirtschaftliche Erschütterungen auszulösen.

In einem kleinen, wirtschaftlich unbedeutenden Land ist der die Grenze passierende Kapital- und Kreditverkehr absolut wesentlich geringer als in einem bedeutenden Welthandelsland. Das bedeutet, daß der Wechselkurs dieses Landes weniger der Gefahr von durch Kredit- und Kapitalströmen induzierten Wechselkursschwankungen ausgesetzt ist, denn weder wird in der Regel in diesem Lande sehr viel Kapital gebraucht werden noch wird sehr viel überschüssiges Kapital vorhanden sein, auf jeden Fall tendenziell weniger, als wenn es sich um ein großes Land handeln würde.

Man könnte nun einwenden, daß der Wechselkurs eines kleinen Landes durch geringere Größen von Angebot und Nachfrage bestimmt wird und so auch ein geringerer Kapitalstrom die gleichen Auswirkungen hat wie ein größerer in einem großen Land. Die Größe von Angebot und Nachfrage nach Devisen wird aber bei abnehmender Ländergröße weniger zurückgehen als der Umfang des Kapital- und Kreditverkehrs.

---
[2] Vgl. z. B. das bereits auf S. 44 erwähnte praktische Beispiel Kanadas.

Da den kleinen Ländern der große Binnenmarkt fehlt, sind sie nämlich tendenziell mehr auf den Außenhandel angewiesen als die großen Länder[3]. Das gilt nicht in gleichem Maße für den Kapital- und Kreditverkehr. Ein kleines Land bietet aus dem Ausland hereinströmendem Kapital nur wenig Anlagemöglichkeiten, wird andererseits in der Regel aber auch nicht viel überschüssiges Kapital an das Ausland ausleihen können.

Je kleiner und wirtschaftlich unbedeutender ein Land ist, desto kleiner wird auch der Anteil der inländischen Exporte am Welthandel sein, desto eher können seine Güter durch andere ersetzt werden, desto größer ist also die Preiselastizität der Nachfrage nach diesem Gut. Das gilt auch für eine an und für sich unelastische Nachfrage. So ist, wie z. B. Sohmen ausführt[4], die Nachfrage nach Weizen verhältnismäßig unelastisch. Das bedeutet aber nicht, daß nicht die Nachfrage nach Weizen eines bestimmten Landes, z. B. Argentiniens, sehr elastisch sein kann. Abstrahiert für den Zweck unserer theoretischen Untersuchung bedeutet das also, daß selbst bei prinzipiell unelastischer Nachfrage nach einem Gut, ein unbedeutendes Land immer mit einer elastischen Nachfrage rechnen muß. Hieraus ergeben sich auch Folgerungen im Zusammenhang mit der Einführung freier Wechselkurse.

Bei einem kleinen Land wird, wenn es einen freien Wechselkurs eingeführt hat, im Gegensatz zu einem bedeutenden Welthandelsland der Ausgleich der Zahlungsbilanz eher durch die Export- als durch die Importseite erfolgen. Die Nachfrage nach Importgütern wird nämlich in einem kleinen Lande verhältnismäßig starr sein, da diese kaum auf dem kleinen Binnenmarkt durch im Inland hergestellte Güter ersetzt werden können, jedenfalls in geringerem Umfange als wenn ein großer Binnenmarkt vorhanden wäre. Die Importe werden also nicht so leicht durch Wechselkursänderungen beeinflußt werden können. Anders aber die Exporte. Schon eine verhältnismäßig geringe Wechselkurssenkung wird eine Exportsteigerung zur Folge haben, da, wie eben erörtert, die Nachfrage nach den Exportgütern eines für den Welthandel unbedeutenden Landes relativ elastisch ist. Eine Preisänderung ruft also eine verhältnismäßig große Mengenänderung hervor. Da der Anteil des Landes am Welthandel sehr gering ist, kann der Weltmarkt die vergrößerte Menge ohne erhebliche Rückwirkungen aufnehmen. Umgekehrt wird auch schon eine relativ geringe Verteuerung der Ware durch ein Ansteigen des Wechselkurses einen spürbaren Exportrückgang zur Folge haben (wenn man nicht bereit ist, die Preise her-

---

[3] Vgl. Robinson, E. A. G.: Economic Consequences of the Size of Nations, London 1960, S. 18 ff. und S. 266 ff.
[4] Vgl. Sohmen, Egon: Flexible Exchange Rates — Theory and Controversy, Chicago 1961, S. 16.

I. Die Bedeutung der Zahl freie Wechselkurse einführender Länder

abzusetzen, was man aber vermutlich nicht auf die Dauer durchhalten kann). Bei einem kleinen, wirtschaftlich unbedeutenden Land werden sich Wechselkursschwankungen also tendenziell schneller auf die Exporte auswirken als bei für den Welthandel bedeutenden Ländern[5].

Schließlich ist noch eine weitere Auswirkung der Einführung freier Wechselkurse bei kleinen, unbedeutenden Welthandelsländern im Gegensatz zu bedeutenden zu beachten. Wenn ein Land klein und unbedeutend ist, so bedeutet das, daß es in der Regel bevölkerungsmäßig ein kleines Land sein wird, von Ausnahmen wieder einmal abgesehen. Das heißt aber, daß auch der Geldumlauf in seiner absoluten Größe geringer sein wird, als wenn es sich um ein großes Land handelt, was wiederum zur Folge hat, daß auch die Wechselkurse durch geringere Summen nachgefragten und angebotenen Geldes bestimmt werden. Hieraus folgt, daß, falls doch einmal eine in ihrer absoluten Größe umfangreichere, gleichgewichtsstörende Spekulation eintritt, Wechselkursschwankungen leichter erzeugt werden können als bei großen Ländern. Tritt z. B. eine Spekulation in einer Größenordnung von 100 000 Währungseinheiten auf, so wirkt sie sich stärker auf den Wechselkurs aus, wenn sie zu einer gewöhnlichen Nachfrage oder einem gewöhnlichen Angebot von 1 Million hinzukommt, als wenn der Wechselkurs durch Angebot und Nachfrage in der Größenordnung von 1 Milliarde im Gleichgewicht gehalten wird. Zwar ist die Wahrscheinlichkeit des Eintritts dieses Vorganges bei kleinen Ländern, wie bereits anfangs erwähnt, geringer als bei größeren, wenn es jedoch zu solchen gleichgewichtstörenden Spekulationen kommt, werden kleine Länder bei in ihrer Größe absolut gleichen Summen zusätzlich auf den Markt kommender Währungseinheiten eher Wechselkursschwankungen ausgesetzt sein als große.

b) Das zum freien Wechselkurs übergehende Land ist für den Welthandel bedeutend oder von ihm stark abhängig

Wenn wir im Zusammenhang mit den Auswirkungen des Überganges zu freien Wechselkursen von einem großen oder bedeutenden Land sprechen, so soll es sich um ein Land mit einem großen Anteil am Welthandel und/oder mit relativ starker Beteiligung am internationalen Kapital- und Kreditverkehr handeln. Weiterhin wollen wir uns hier auch mit den Auswirkungen, die eine große Außenhandelsverflochtenheit hervorruft, beschäftigen. Das muß nicht immer das gleiche sein. Ein Land mit einer großen Außenhandelsverflochtenheit, das also vom Außenhandel lebt, kann ein für den Welthandel unbedeutendes Land sein und umgekehrt. Da es aber oft so ist, daß ein für den Welthandel bedeutendes Land (z. B. England oder Deutschland) auch eine

---
[5] Vgl. Jentgen, Jean: a. a. O., S. 84/85.

große Außenhandelsverflochtenheit hat, von dem hierfür nicht zutreffenden Beispiel der USA einmal abgesehen, sollen, um nicht unnötig kompliziert zu werden, beide Merkmale gemeinsam abgehandelt werden.

Bei einem für den Welthandel bedeutenden Land ist die Wahrscheinlichkeit, daß von der Einführung eines freien Wechselkurses Auswirkungen auf die Weltwirtschaft ausgehen, ohne Zweifel größer als bei den im vorhergehenden Abschnitt behandelten kleinen Ländern. Kommt es nämlich nach Übergang dieses Landes zu einem freien Wechselkurs zu einem Einspielen des Wechselkurses auf einer anderen als der bisherigen Höhe und demzufolge zu einer merklichen Verteuerung oder Verbilligung der Exportprodukte dieser für den Welthandel bedeutenden Volkswirtschaft, so werden Auswirkungen auf die Weltmarktpreise möglich sein. Nehmen wir an, die Exportprodukte des zum freien Wechselkurs übergegangenen Landes seien durch die Wechselkursverschiebung für die anderen Länder teurer geworden, und es handelt sich um ein für den Weltmarkt wichtiges Land, so werden Erhöhungen der Weltmarktpreise die wahrscheinliche Folge sein. Ist die Nachfrage nach diesen Gütern verhältnismäßig unelastisch, so wird man die erhöhten Preise ohne weiteres zahlen müssen. Kann man im anderen Falle auf die Güter dieses Landes weitgehend verzichten, so wird wegen des nun verknappten Angebotes dieser Gütergattung auf dem Weltmarkt eine Preissteigerung ebenfalls sehr wahrscheinlich sein, denn es ist ja ein sehr wichtiger Anbieter und Konkurrent ausgefallen, was den Druck auf die Preise vermindert.

Unter Umständen kann die Preissteigerung dadurch gedämpft werden, daß die anderen Länder mit Kapazitätsreserven einspringen, ganz ausgeschaltet werden kann diese Wirkung aber nicht, da es sich ja, wie gesagt, um ein für den Welthandel wichtiges Land handelt. Die Leistungen dieses Landes für den Weltmarkt können also nicht vollständig von anderen Ländern ersetzt werden. Außerdem werden die Exportindustrien der anderen Volkswirtschaften Preissteigerungen begrüßen, da sie, falls die Elastizität der Nachfrage nicht allzu groß ist, durch die gestiegenen Preise wahrscheinlich mehr verdienen können.

Im umgekehrten Falle wird eine wechselkursbedingte Verbilligung der Exportgüter eines bedeutenden Welthandelslandes eine Tendenz zur Senkung der Weltmarktpreise auslösen. Die Konkurrenten müssen Preisangleichungen vornehmen, ganz gleich ob die Nachfrage elastisch oder unelastisch ist, wenn sie nicht wollen, daß das Land mit dem freien Wechselkurs mittels Kapazitätserweiterung seiner Exportindustrie den größten Teil der Nachfrage befriedigt. Diese Auswirkungen werden aber keinesfalls schwere Schädigungen für den Welthan-

I. Die Bedeutung der Zahl freie Wechselkurse einführender Länder 67

del hervorrufen, wie von manchen Autoren[6] behauptet wird. Denn erstens werden die Preisschwankungen keineswegs so groß sein, daß sie den Welthandel ernsthaft stören können. Man denke nur an die zeitlichen Verzögerungen, Schwierigkeiten von Kapazitätsänderungen und sonstigen technischen Schwierigkeiten des Welthandels (z. B. Transportprobleme), was alles dämpfend auf die geschilderten Vorgänge wirkt. Diese können also nur in verhältnismäßig geringem Maße wirksam werden, ganz verhindert werden können sie aber nicht. Das ist aber auch gar nicht nötig, denn zweitens spiegelt ein freier Wechselkurs, abgesehen von zeitweiligen Abweichungen, im längerfristigen Durchschnitt die wirtschaftlichen Verhältnisse der einzelnen Länder zueinander richtiger wider als ein fester. Jede Einführung eines freien Wechselkurses bedeutet daher einen Schritt weiter auf dem Wege zu weltweiten echten Gleichgewichtsverhältnissen. Kommt es dabei zu Änderungen wirtschaftlicher Daten, so muß das hingenommen werden, ganz abgesehen davon, daß im Laufe der Zeit doch einmal eine Anpassung kommen muß, nur eben auf andere Weise.

Weiter ist folgendes festzustellen: Je größer die Außenhandelsintensität eines Landes ist, desto stärker werden die Auswirkungen von Wechselkursschwankungen auf die Volkswirtschaft sein[7]. Nehmen wir z. B. den extremen Fall eines autarken Landes, bei dem nur Reisen und einige internationale Dienstleistungen Geldumtauschaktionen auslösen sollen, so ist klar, daß von Wechselkursschwankungen nur äußerst geringe Auswirkungen auf die Volkswirtschaft ausgehen können. Allenfalls wird das Reisen etwas teurer oder billiger, ist etwas mehr oder weniger Geld für internationale Dienstleistungen aufzuwenden, was kaum Auswirkungen auf die betreffende Nationalwirtschaft haben wird. Hat ein Land dagegen eine große Außenhandelsverflochtenheit, so können von den Wechselkursschwankungen Auswirkungen auf den Handels-, Dienstleistungs-, Kapital- und Kreditverkehr, auf Produktion und Verbrauch, also auf die gesamte Volkswirtschaft, in stärkerem Maße ausgehen, als wenn diese enge Verbundenheit mit dem Auslande nicht vorhanden wäre. Dabei brauchen die Wechselkursschwankungen selbst auch nicht größer zu sein als im Falle des autarken Landes.

Weiter ist darauf hinzuweisen, daß die Gefahr, daß überhaupt Wechselkursschwankungen entstehen, bei Ländern mit hoher Außenhandelsverflochtenheit größer ist als bei Ländern mit weniger starker Tätigkeit auf den Weltmärkten. Länder mit einer umfangreichen Außenhandelstätigkeit sind nämlich empfänglicher für von anderen Ländern

---

[6] Vgl. z. B. Emminger, Ottmar: Internationaler Währungsfonds und Wechselkurspolitik, in: Zeitschrift f. d. ges. Kreditwesen, 1957, S. 734 f., und Jentgen, Jean: a. a. O., S. 35.
[7] Vgl. einen ähnlichen Gedankengang bei Aust, Eberhard: a. a. O., S. 54 f.

ausgehende Krisen. Konjunkturelle Entwicklungen „nehmen ihren Weg sowohl über den internationalen Kredit- und Kapitalverkehr als auch über den Waren- und Dienstleistungsverkehr"[8]. Das gilt natürlich auch für Inflationen und Deflationen, deren Abwehr von dem zum freien Wechselkurs übergegangenen Land mittels Veränderung des Wechselkurses erfolgt. Ist solch eine Ansteckungsgefahr, z. B. bei dem sehr theoretischen Fall eines überhaupt nicht am Welthandel beteiligten Landes, erst gar nicht gegeben, so braucht sich der Wechselkurs auch nicht aus diesem Grunde zum Schutze der Währung zu bewegen. Wechselkursschwankungen werden folglich bei diesen Ländern seltener auftreten, als wenn das Land eine rege Außenhandelstätigkeit hätte. Auch gleichgewichtsstörende Spekulationen werden eher einmal bei einem wichtigen Welthandelsland einen Druck auf die Wechselkurse ausüben als bei einem kleinen, kaum am Welthandel beteiligten Lande.

Ebenso ist bei Ländern mit einer außergewöhnlich großen Beteiligung am internationalen Kredit- und Kapitalverkehr doch einmal eher die Möglichkeit gegeben, daß diese extrem großen Kapitalströme einen gewissen Druck auf den Wechselkurs in dieser oder jener Richtung ausüben. Gewiß können diese Auswirkungen weitgehend gedämpft werden, so daß sie unter Umständen gar nicht in Erscheinung treten, wie wir das im vorigen Kapitel bei der Behandlung des langfristigen internationalen Kredit- und Kapitalverkehrs im System freier Wechselkurse erörtert haben. Die Möglichkeit aber, daß doch einmal gewisse zeitweilige Auswirkungen auftreten, ist jedoch bei den Nationalwirtschaften dieser Kategorie ohne Zweifel größer als bei Ländern, die nur wenig am grenzüberschreitenden Kapital- und Kreditverkehr beteiligt sind.

Bei einem großen Land wird sich auch schließlich eine Wechselkursänderung unter normalen Umständen schneller auf die Importe und langsamer auf die Exporte als bei einem kleinen Land auswirken. In der Regel wird nämlich wegen des weit größeren Binnenmarktes die Nachfrage nach den meisten Importgütern eine größere Elastizität haben als das bei einem kleinen Land der Fall ist. Andererseits wird der große Anteil, den das Land mit seinen Exportgütern am Welthandel hat, die Elastizität der Nachfrage nach diesen Gütern tendenziell vermindern im Vergleich zu einem Land, dessen Exportgüter nur einen verschwindend geringen Teil des Gesamtangebotes bilden. Die relativ große Elastizität der Nachfrage nach Importgütern bei einem größeren Lande bewirkt, daß bereits eine geringe Wechselkurssenkung eine ausreichende Verminderung der Importe herbeiführen wird[9]. Da andererseits, wie erwähnt, die Nachfrage nach Exportgütern dieses

---
[8] Kruse, Alfred: a. a. O., S. 425.
[9] Vgl. Jentgen, Jean: a. a. O., S. 84/85.

I. Die Bedeutung der Zahl freie Wechselkurse einführender Länder 69

Landes in der Regel unelastischer ist, wird sich eine Wechselkursänderung folglich meist schneller auf die Importe als auf die Exporte auswirken.

Auch die hier herausgearbeiteten Unterschiede zwischen für den Welthandel bedeutenden und unbedeutenden, freie Wechselkurse einführenden Ländern, können selbstverständlich durch bestimmte Gegebenheiten Änderungen erfahren. So gehören beispielsweise die Bundesrepublik Deutschland und England ohne Zweifel zur Gruppe der für den Welthandel wichtigen Länder. Trotzdem werden sich wahrscheinlich Wechselkursschwankungen im größeren Maße auf die deutsche als auf die englische Volkswirtschaft auswirken, da fast das ganze Commonwealth in Pfunden rechnet. Es stellt, natürlich mit Einschränkungen, eine so umfangreiche Verrechnungsgemeinschaft dar, daß ein großer Teil des Waren-, Dienstleistungs-, Kapital- und Kreditverkehrs gar keine Transferaktionen auslöst und den Wechselkurs auf diese Weise gar nicht beeinflußt. Der Spitzenausgleich hingegen, der natürlich ebenfalls Auswirkungen auf den Wechselkurs hat, wird erstens nur nach Ablauf gewisser Zeitspannen durchgeführt, Auswirkungen treten also seltener auf, und zweitens kann er auf Zeiten für diesen Ausgleich günstiger Wechselkurssituationen verlegt werden. Andererseits werden auch Wechselkursbewegungen selbst auf die Volkswirtschaft weniger Einfluß haben, wenn ein größerer Teil ihrer Aktivität ohne Zusammenhang mit dem Instrument „Wechselkurs" vonstatten geht.

Auf jeden Fall hat das Beispiel Kanadas gezeigt, daß der Übergang eines einzelnen, für den Welthandel nicht unbedeutenden Landes zum freien Wechselkurs, ohne destruktive Wirkungen sowohl für die Weltwirtschaft als auch für das betreffende Land selbst vor sich gehen kann. Und das selbst unter ungünstigen äußeren Umständen, nämlich einem einseitigen, z. T. spekulativen Kapitalzustrom, der den Wechselkurs in die Höhe treibt und damit die Exportmöglichkeiten des Landes senkt. Die Rückkehr Kanadas zum festen Wechselkurs kann an dieser Feststellung nichts ändern, denn sie ist nicht deswegen erfolgt, weil der freie Wechselkurs destruktive Folgen zeitigte, sondern weil sich eine andere wirtschaftspolitische Anschauung durchgesetzt hat, welche die vorhandenen Probleme auf andere Weise lösen will. Vergessen werden darf aber auch beim Übergang zum freien Wechselkurs nie eine gesunde, disziplinierte Währungs- und Wirtschaftspolitik.

2. Die Hauptwährungsländer gehen zu freien Wechselkursen über

Nehmen wir an, daß die zehn bis zwölf wichtigsten Welthandelsländer zu freien Wechselkursen übergehen. Das bedeutet, daß die Auswirkungen auf die Weltwirtschaft natürlich noch größer werden, als wenn nur ein einziges für den Welthandel wichtiges Land freie Wechselkurse einführt.

Es wird in diesem Falle wahrscheinlich zu einer weitergehenden Umlenkung besonders der Waren- und in geringerem Maße auch der Kapital- und Kreditströme kommen. Da die Wechselkurse sich nämlich, falls sie vorher keine Gleichgewichtskurse mehr waren, untereinander verschieben werden, wird eine gewisse Rentabilitätsverschiebung zwischen den Standorten der Produktion kaum zu vermeiden sein. Entsprachen die Wechselkurse dagegen schon vorher den Wirtschaftsverhältnissen zwischen den einzelnen Ländern, so werden sich auch unter dem System freier Wechselkurse diese nicht verändern. Wie bereits im vorigen Kapitel erläutert worden ist, sind diese eben erwähnten Auswirkungen einer Rentabilitätsverschiebung unter Umständen für einige beteiligte Wirtschaftssubjekte oder auch Länder etwas schmerzlich. Sie müssen jedoch hingenommen werden, da das eine Bereinigung der durch falsche Wechselkurse entstandenen unrichtigen Wirtschaftsverhältnisse bedeutet.

Die Einführung freier Wechselkurse durch die Gruppe der Hauptwährungsländer würde also eine weitgehende Entzerrung des Wechselkursgefüges bewirken, denn wenn nur ein einzelnes Land zu dieser Wechselkursform übergeht, so bleiben doch die Wechselkurse zwischen den anderen Ländern weiterhin verzerrt. Wenn dagegen eine gewisse Anzahl der wichtigsten Länder diesen Schritt unternimmt, so bedeutet das eine große Annäherung an ein weltweites wirtschaftliches Gleichgewicht, das den echten wirtschaftlichen Kräfteverhältnissen entspricht.

Falls man nicht sofort für alle Länder freie Wechselkurse einführen möchte, wäre es also möglich, das in zwei (oder evtl. auch mehreren) Stufen zu tun. Wenn nämlich zunächst nur die Hauptwährungsländer zu freien Wechselkursen übergehen, so erfolgt eine Umleitung der Waren- und Kapitalströme sowie eine evtl. Rentabilitätsverschiebung doch in geringerem Maße, als wenn alle Länder der Welt zum gleichen Zeitpunkt von den festen Wechselkursen abgingen. Andererseits werden in diesem Zusammenhang aber bereits die wichtigsten Veränderungen stattgefunden haben, so daß, falls jetzt der Rest der Länder diesen Schritt unternimmt, die davon ausgehenden Auswirkungen nicht mehr sehr umfangreicher Natur sein werden.

Um zu einer allgemeinen Wechselkursneuordnung zu kommen, mit dem Hauptziel, stets den Wirtschaftsverhältnissen wirklich entsprechende Wechselkurse zu haben, ist es also mindestens notwendig, daß die Hauptwährungsländer zu freien Wechselkursen übergehen. Es wird dabei keineswegs ein weltwirtschaftliches Chaos eintreten, wie das

I. Die Bedeutung der Zahl freie Wechselkurse einführender Länder 71

manche Autoren befürchten[10]. Wenn nur ein einzelnes Land den festen Wechselkurs abschafft, so kann es zwar sich selbst weitgehend vor den von außen kommenden Inflationstendenzen schützen, in allen anderen Ländern der Welt aber werden diese weiterhin wirksam sein und ihre schädlichen Einflüsse ausüben. Erst wenn eine bedeutende Anzahl von für den Welthandel wichtigen Ländern sich dank freier Wechselkurse vor der Krankheit der importierten Inflation schützen kann (oder im entgegengesetzten Falle vor importierten Deflationen), bzw. durch die freien Wechselkurse zu einer gesünderen und disziplinierteren Währungs- und Wirtschaftspolitik veranlaßt wird, kann eine die gesamte Weltwirtschaft bedrohende Inflation (oder Deflation) wirksam bekämpft werden. Vollständig ausmerzen kann man diese weltweiten Krisen auf diese Weise allerdings nicht, da noch ein großer Teil der Nationalwirtschaften dem inflations- und deflationsfördernden System der festen Wechselkurse angehört.

Weiter könnte auch noch, wenn mehrere Länder statt nur eines Landes zu freien Wechselkursen übergingen, ein gemeinsamer Währungsausgleichsfonds geschaffen werden. Auf diese Weise wäre ein wirkungsvollerer Ausgleich kurzfristiger Wechselkursschwankungen mit einem geringeren Aufwand an Währungsreserven möglich, als wenn jedes Land für sich einen solchen Fonds besäße. Die Reserven des einen Landes würden auch den anderen dienlich sein, was eine bessere Ausnutzung der relativ wenig Zins erbringenden Währungsreserven verhieße.

Im Zusammenhang mit der Frage nach den Auswirkungen des Überganges der Hauptwährungsländer zu freien Wechselkursen ist noch die Frage zu behandeln, ob die Relation Gold : Dollar und darüber hinaus, ob ganz allgemein die Goldpreise schwanken dürfen. Einige Autoren, die freie Wechselkurse befürworten, sind der Meinung, daß wenigstens die Relation Gold : Dollar fest sein müsse[11]. Ist diese Meinung gerechtfertigt?

Zunächst muß die Frage erörtert werden, ob bei sonst freien Kursen die Preise des Goldes in den verschiedenen Währungen fest sein dürfen. Das wäre nur möglich, wenn es in den meisten Ländern keine freien Goldmärkte gäbe. Im anderen Falle, falls die Notenbanken eine Goldankaufs- und Goldverkaufspflicht hätten, u. zw. zu festen Preisen, hätten wir ein System von Goldkernwährungen. Im Vergleich mit früheren Zeiten bestünde nur der Unterschied, daß keine Deckungsvorschriften vorlägen und es jedem einzelnen Land überlassen wäre, wie es

---

[10] Vgl. z. B. Bernhard, Karl: Auf dem Wege zur Konvertierbarkeit, in: Zeitschr. f. d. ges. Kreditwesen 1953, Heft 10, S. 275 ff.; Emminger, Otmar: a. a. O., S. 734 f.; Möller, Hans: a. a. O., S. 1354.
[11] Vgl. z. B. Haberler, Gottfried: a. a. O., S. 40, und Lutz, Friedrich A.: Rezept Kursflexibilität, in: Zeitschr. f. d. ges. Kreditwesen, Heft 1, 1955, S. 23, die aber nicht angeben, *warum* sie diese Meinung vertreten.

72 C. Auswirkungen des Überganges zu freien Wechselkursen

den Goldeintauschpflichten am besten nachkommen könnte. Wir hätten also in diesem Falle Wechselkurse, die nur zwischen den Goldpunkten schwanken könnten, denn wenn der Kurs der fremden Währung sich verbessert, so würde man Gold kaufen, um dann die fremde Währung gegen Gold billiger als im direkten Tausch der Währungseinheiten gegeneinander zu bekommen.

Freie Wechselkurse bei festen Relationen zum Gold wären also nur möglich (da kein Übergang zum alten Goldwährungssystem vorgenommen werden soll), falls es keine freien Goldmärkte gäbe. Werden die Goldmärkte dagegen ebenfalls dem freien Spiel der Kräfte überlassen, so müssen auch die Goldpreise in den einzelnen Währungen frei sein. Bedeutet das nun, daß ebenfalls die Relation Gold : Dollar sich nach Angebot und Nachfrage richten muß oder wäre hier eine Ausnahme angebracht?

Untersuchen wir einmal ganz allgemein, was geschieht, wenn bei freien Wechselkursen einschließlich der Goldpreise 1. die Relation vom Gold zu einer einzigen Währung fest und 2. dieses Verhältnis variabel ist. Nehmen wir an, diese Währung sei der Dollar.

1. Wir wollen der Einfachheit halber nur die Verhältnisse zwischen zwei Ländern untersuchen. An den dabei gefundenen Auswirkungen ändert sich nichts, wenn man mehrere Länder in Betracht zieht, nur werden die Vorgänge komplizierter und damit unübersichtlicher.

Um möglichst einfache Zahlen zu bekommen, nehmen wir an, daß 1 DM = 1 g Gold definiert sei und 1 Dollar = 4 g Gold, was einen Wechselkurs von 4 DM = 1 Dollar ergäbe. Das Verhältnis DM : Gold sei variabel, das Verhältnis Dollar : Gold fest. Der Wechselkurs ändere sich auf 1 : 5, was eine Verschlechterung des DM-Kurses bedeutet. Man wird nun in Deutschland bestrebt sein, sich für 4 DM 4 g Gold zu kaufen und dieses wieder gegen Dollar zu verkaufen, um auf diese Weise billiger als dem veränderten Wechselkurs entspricht, zu Dollar zu kommen, analog den Verhältnissen bei der Goldwährung. Die Arbitrage kann hierbei auch tätig werden, indem sie wie eben beschrieben handelt, dann aber wieder in die DM zurückgeht und so aus 4 DM 5 DM macht. Gleichzeitig wird dann auch wiederum durch die vergrößerte Nachfrage nach DM deren Kurs verbessert. Da die Relation DM : Gold nun aber ebenfalls beweglich ist, wird die vergrößerte Nachfrage nach Gold dieses teurer werden lassen. Der Preis des Goldes wird nun tendenziell auf den Wert von 1,25 DM für 1 g Gold gedrückt (abzüglich der Kosten des Umweges über das Gold), erst dann bekommt man auch auf diesem Weg für 5 DM (bei 1 g Gold = 1,25 DM also 5 DM = 4 g Gold = 1 Dollar) nur 1 Dollar. Das Verhältnis zwischen beiden Währungen ist also sowohl ausgedrückt durch die Wechselkurse als auch durch die Goldpreise der Währungen wieder gleich. Dieser

I. Die Bedeutung der Zahl freie Wechselkurse einführender Länder

Umweg über das Gold hat nun den Vorteil, daß der Druck, der auf die DM beim direkten Tausch in Dollar ausgeübt wird, nachläßt, der Wechselkurs also weniger stark schwankt, als wenn der Weg über das Gold nicht vorhanden wäre.

2. Was geschieht nun, wenn auch das Verhältnis Gold : Dollar schwankt? Auch in diesem Falle wird die gestiegene Nachfrage nach Gold gegen DM den Goldpreis in DM ansteigen lassen, wie eben erörtert. Der Umtausch von Gold gegen Dollar wiederum wird das Verhältnis Gold : Dollar wegen der zusätzlichen Nachfrage nach Dollar zugunsten des Dollars verändern.

Da jetzt ein doppelter Eintauschverlust entsteht, wird das Schwanken der Relation DM : Gold geringer sein, als wenn das Verhältnis Gold : Dollar fest wäre[12]. Man wird dann schon bei einem Kurs von etwa 1,25 DM = 1 g Gold für 5 DM (= 4,45 g Gold; 4,45 g Gold = 1 Dollar, da sich in diesem Falle die Relation Gold : Dollar für das Gold verschlechtert) nur wieder einen Dollar bekommen. Das bedeutet also, daß die Schwankungen der Goldpreise geringer werden, wenn auch die Relation Gold : Dollar beweglich wird. Selbst wenn einmal aus irgendeinem Grunde das Verhältnis der Goldpreise nicht mit dem der Wechselkurse übereinstimmt, vielleicht durch irgendwelche Währungsspekulationen verursacht, so wird sofort die Arbitrage eingreifen. Sollte z. B. bei einem Wechselkurs Dollar : DM wie 1 : 5 unter den eben geschilderten Umständen die Relation Dollar : Gold so sein, daß man nur für 5 g Gold einen Dollar bekommt (nicht wie in unserem Beispiel schon für 4,45 g), wird es lohnend, für einen Dollar 5 g Gold und dafür 5,63 DM einzutauschen (1 g Gold ist ja auf 1,125 DM gestiegen!). Für diese 5,63 DM bekommt man dann mehr als einen Dollar beim Wechselkurs 1 : 5. Diese Vorgänge bewirken aber gleichzeitig wieder die Herstellung eines Gleichgewichtes. Sollte man dagegen unter den vorliegenden Umständen statt für 4,45 g schon für 4 g Gold einen Dollar bekommen, so wird folgendes eintreten: Das verstärkte Angebot von Gold, das man für DM eingetauscht hatte, da in diesem Falle der Umweg über das Gold auch noch bei einem höheren Preis als 1,125 DM für 1 g Gold lohnend ist, wirkt wieder auf ein neues Gleichgewicht hin.

Zwar haben wir nun in der Realität nicht nur zwei Währungen, sondern viele, die Beeinflussungsmöglichkeiten sind also vielfältiger als hier an dem einfachen Modell gezeigt werden konnte, jedoch ändert sich dadurch nichts an der grundsätzlichen Folgerung, daß jede Ab-

---

[12] Es soll nochmals ausdrücklich darauf hingewiesen werden, daß wir bei allen Zahlenbeispielen ganz schematisch vorgegangen sind. Allgemein ist zu sagen, daß die Goldpreiserhöhung in DM dort zum Stillstand kommt, wo sie gleich der Goldpreiserniedrigung in Dollar ist (in unserem Beispiel also bei 1 Dollar = 4,45 g Gold = 5 DM).

weichung der Goldpreise von dem durch die Wechselkurse bestimmten Verhältnis auf ein Gleichgewicht hinwirkende Vorgänge auslöst.

Wir kommen also zu dem Ergebnis, daß Wechselkursschwankungen bei Einführung freier Goldpreise wahrscheinlich noch geringer sein werden als bei festen Relationen Gold : Währung, da sich sowohl die ausgleichende Arbitrage als auch diejenigen, die aus anderen Gründen einen Währungsumtausch vornehmen, nicht nur Drittwährungen, sondern auch des „Goldumweges" bedienen können.

Diese Feststellung gilt für jede Währung, also auch für das Verhältnis von Gold zum Dollar. Da unter diesen Bedingungen das Währungssystem nicht mehr so stark vom Dollar abhängig ist wie unser augenblickliches, werden Schwankungen im Verhältnis Gold : Dollar auch aus diesem Grunde nicht gefahrbringend sein. Der Dollar wird in einem System freier Wechselkurse nicht mehr in dem Maße wie heute eine Schlüsselwährung darstellen (wenn auch der Dollar weiterhin wegen der Bedeutung der USA eine der wichtigsten Weltwährungen bleiben wird.) Er wird vielmehr eher ein „primus inter pares" sein als *die* Hauptwährung schlechthin. Es ist daher nur von Vorteil, wenn in einem System freier Wechselkurse einschließlich der Goldpreise auch das Verhältnis von Gold zum Dollar variabel ist. Auch hier gilt der allgemeine Grundsatz: Je mehr Daten schwanken, desto geringer werden die Schwankungen der einzelnen Daten selbst, um einen Gleichgewichtszustand wiederherzustellen.

Ferner muß zum Problem freier Goldkurse noch folgendes bemerkt werden: Die Gefahr einer starken Verteuerung des Goldes (Golddeflation) infolge Erschöpfung der Goldvorräte ist vom Währungssystem unabhängig, kann also bei festen Goldankaufs- und Goldverkaufspreisen genausogut eintreten wie bei beweglichen. Eine „Goldinflation" hingegen ist unwahrscheinlich, da die Nachfrage nach Gold bei wachsendem Welthandel — sowohl seitens der Notenbanken für Währungszwecke als auch für industrielle oder private Zwecke (Hortungen) — erheblich ist, die abzubauenden Vorräte aber andererseits keineswegs unbegrenzt sind und überdies bei stark sinkenden Goldpreisen der Abbau von Gold immer weniger lohnend wird.

Sollte solch eine Goldinflation aber nun doch einmal, wenigstens für kürzere Zeiten, eintreten, etwa weil vielleicht der Ostblock mit einem großen Goldangebot auf den Markt kommt, so ist diese Goldentwertung trotzdem ungefährlich. Das Gold wird dann eben wertloser, u. zw. in allen Währungen gemessen, da man ja jede Währung gegen Gold — und umgekehrt — kaufen kann. Die Relationen zwischen den Goldpreisen in den einzelnen Währungen verschieben sich dadurch gar nicht, nur bekommt man jetzt das Gold billiger, nur müssen die Banken für evtl. Schuldenausgleiche mehr Gold aufwenden.

I. Die Bedeutung der Zahl freie Wechselkurse einführender Länder

Das können sie aber auch, da nun Gold billiger und reichlicher vorhanden ist. Darüber hinaus wird das Gold billiger für Verwendungszwecke privater und industrieller Natur. Goldvorräte sind natürlich wertloser geworden, dafür bekommt man aber neues Gold preiswerter, dafür kann man aber internationale Schulden in jeder Währung zurückzahlen, nicht nur vor allem in Gold und Dollar, wie im heutigen Währungssystem. Es ist also nicht einzusehen, warum bewegliche Relationen zwischen den einzelnen Währungseinheiten und dem Gold, auch speziell zwischen dem *Dollar* und dem *Gold*, große Nachteile haben sollten, welche die Vorteile eines Währungssystems mit freien Wechselkursen einschließlich Goldpreisen aufheben könnten.

3. Alle Länder gehen zu freien Wechselkursen über

Eine wichtige Auswirkung beim Übergang *aller* Länder zu freien Wechselkursen ist die, daß es bei den kursausgleichenden Dreiecksarbitragen zu noch geringeren Wechselkursschwankungen kommt, als dies

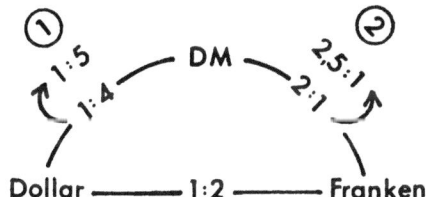

Abb. 1

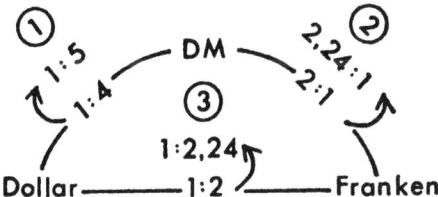

Abb. 2

der Fall wäre, wenn nur die Hauptwährungsländer (oder gar nur ein einzelnes Land) zu freien Wechselkursen übergingen. Der Vorgang an sich ist der gleiche, wie er zu Beginn dieses Kapitels ausführlich an einem aus vier Währungen bestehenden Modell beschrieben worden ist, nur mit dem Unterschied, daß jetzt auch die Kurse von Dollar, Franken und Pfunden untereinander schwanken. Das hat zur Folge, daß die Arbitrage DM—Franken—Dollar—DM nicht nur die Verhältnisse DM:Franken und DM:Dollar, sondern auch Franken:Dollar beeinflußt.

Wir hatten zu Beginn dieses Kapitels gesehen, daß bei Vorliegen von nur drei Währungen und starrem Wechselkurs zwischen Dollar und Franken die Arbitrage die Tendenz auslöst, den Wechselkurs DM—Franken von 2:1 auf 2,5:1 emporzudrücken (Abb.1). Erst dann wird die Arbitrage nicht mehr lohnend, da man 5 DM aufzuwenden hat, um 5 DM zu bekommen. Nun soll angenommen werden, daß auch der Wechselkurs Dollar—Franken schwanken möge (Abb. 2). Die Folge davon ist, daß die Arbitrage zweimal die Kurse beeinflußt.

Zuerst verbessert die verstärkte Nachfrage nach Franken dessen Kurs, und dann geschieht das gleiche noch einmal beim Einwechseln von Franken in Dollar. Diesmal wird der Dollarkurs gestärkt.

Verfahren wir nun ganz schematisch (die Zahlen sollen wiederum nur die Tendenz andeuten und erheben keinen Anspruch auf absolute Richtigkeit), so können wir voraussetzen, daß sich der Wechselkurs der DM im Verhältnis zum Franken um etwa den gleichen Prozentsatz beim Umtausch verschlechtert, wie das beim Eintauschen von Franken in Dollar für den Franken zutrifft. Das würde bedeuten, daß die Grenze der Wechselkursschwankung DM — Franken bei 2,25:1 liegen würde, falls also alle Wechselkurse frei schwanken, im Gegensatz zu 2,5:1, falls nur die DM einen freien Wechselkurs hätte (siehe Abb. 1 und 2). Man würde also im jetzt behandelten Falle bereits beim Verhältnis DM:Franken wie 2,25:1 für 5 aufgewandte DM nur wieder 5 DM erhalten. Zuerst wechselt man nämlich die 5 DM in etwa 2,24 Franken ein, erhält dann für 2,24 Franken aber nur noch einen Dollar, weil der Kurs des Franken durch das vergrößerte Angebot ebenfalls gedrückt wird. Auch hier gilt das bereits zu Beginn des Kapitels Gesagte, daß diese Schwankungen noch weiter verringert werden, da die Arbitrage sich vieler Währungen bedienen wird. Man wird also z. B. schon bei einem Verhältnis von DM:Franken wie 2,1:1 zu einer anderen Währung übergehen, was die Gewinne vergrößert, die Schwankungen der einzelnen Wechselkurse aber verringert.

Weiter wird auch das schließliche Einwechseln von in unserem Beispiel Dollar in DM den Wechselkurs der DM wieder verbessern, was die Arbitrage also schon früher unrentabel macht und die induzierten

I. Die Bedeutung der Zahl freie Wechselkurse einführender Länder

Wechselkursschwankungen noch geringer werden läßt. Wenn also alle Wechselkurse frei sind, ist die kursausgleichende Arbitrage noch wirkungsvoller, sind die eintretenden Wechselkursschwankungen noch geringer, als wenn nur ein Land oder, als Zwischenstufe, eine Gruppe von Ländern zu freien Wechselkursen übergeht.

Wenn alle Länder auf einmal freie Wechselkurse einführen, kann sich eine evtl. gleichgewichtsstörende Spekulation, welche die Tatsache der Einführung freier Wechselkurse als Ursache hat, nicht so auf ein Land konzentrieren, als wenn nur einige Staaten (oder gar nur ein einziger) zu freien Wechselkursen übergehen. Falls nur ein einziges Land diesen Schritt unternimmt, so wird, sofern überhaupt solch eine Spekulation getrieben wird, diese sich mit ihrer ganzen Kraft auf dieses eine Land konzentrieren können. Sind es dagegen mehrere Länder, die zu freien Wechselkursen übergehen, so wird diese Möglichkeit schon abgeschwächt. Je mehr Staaten nun aber freie Wechselkurse einführen, desto größer wird die Wahrscheinlichkeit, daß diese Art der Spekulation sich auf mehrere Länder verteilt und so viel von ihrer Kraft verliert. Gehen im Idealfalle sogar alle Staaten zu freien Wechselkursen über, so wird diese Art der Spekulation noch unwahrscheinlicher. Die Auswirkungen sind dann so vielfältig und es gibt so viele Länder, in denen sie auftreten können, daß es für die Spekulation kaum möglich sein wird, evtl. bedeutende Veränderungen mit einiger Sicherheit voraussehen glauben zu können und so gleichgewichtsstörende Vorgänge zu veranlassen.

Weiter wird das Wechselkursgefüge auch nur dann keine Verzerrungen enthalten und ein in sich geschlossenes Gleichgewichtssystem darstellen, wenn *alle* Länder zu freien Wechselkursen übergegangen sind. Solange noch eine Anzahl von Ländern feste Wechselkurse beibehält, werden Störungen durch falsche Wechselkurse und deren Folgen nicht zu vermeiden sein. Nur wenn alle Nationalwirtschaften zu flexiblen Wechselkursen übergegangen sind, haben wir ein *System* freier Wechselkurse, sind die Voraussetzungen dafür geschaffen, daß diese Wechselkursform auch einwandfrei funktioniert.

Schließlich wird auch, wenn alle Länder freie Wechselkurse einführen, die importierte Inflation keine Rolle mehr spielen. Da sich nämlich bei freien Wechselkursen, wie ausführlich erörtert, die Länder gegen eine ihnen von außen aufgezwungene Inflation wirksam wehren können, wird die Inflation auch tatsächlich nur auf die Länder beschränkt bleiben, in denen sie ihren Ursprung hat und auch nur in der Höhe, in der sie von den betreffenden Ländern selbst verschuldet worden ist. Ebenso wird auch auf diese Weise der Druck in Richtung auf eine gesündere Währungs- und Wirtschaftspolitik, den freie Wechselkurse, wie ebenfalls bereits erörtert, bewirken, auf alle Länder und nicht nur auf einige wenige ausgeübt. Dadurch werden wahrscheinlich mehr Länder von einer inflationistischen Währungs- und Wirtschaftspolitik ablassen, als wenn noch ein großer Teil feste Wechselkurse hätte.

Den bisher gemachten Ausführungen ist also zu entnehmen, daß eines der wichtigsten Ziele der Einführung freier Wechselkurse, nämlich das Abstoppen einer weltweiten inflationären Entwicklung, nur dann mit größtmöglichem Erfolg erreicht werden kann, wenn *alle* Länder zu freien Wechselkursen übergehen. Je mehr Länder sich diesem Schritt verschließen, desto weniger wird dieses große und wichtige Ziel auch zu erreichen sein.

II. Auswirkungen, die von der Art der zu freien Wechselkursen übergehenden Länder abhängig sind

Die Auswirkungen, die bei der Einführung freier Wechselkurse zu beachten sind, sind nicht nur von der Zahl der Länder abhängig, die zum neuen Wechselkurssystem übergehen, sondern auch von der *Art* der Länder. Es sind also bei sonst gleichen Umständen gewisse Unterschiede in den Auswirkungen dieser Maßnahmen wahrscheinlich, je nachdem, ob es sich um Industrieländer oder ob es sich um Agrar- bzw. Rohstoffländer handelt.

1. Übergang zu freien Wechselkursen durch Industrieländer

Bei Industrieländern sind zwei Tendenzen zu verzeichnen, die auf ein Dämpfen evtl. Wechselkursschwankungen hinwirken. Einmal sind bei Industrieländern Kapazitätserweiterungen und Kapazitätseinschränkungen für die Produktion von Exportgütern schneller möglich als das bei Agrar- bzw. Rohstoffländern der Fall ist. Die landwirtschaftliche Produktion z. B. kann nur nach Ablauf gewisser Zeitspannen in ihrem Umfange verändert werden. „Da eine Ausdehnung der Produktion kurzfristig überhaupt kaum möglich ist, weil die Größe der Ernte nach einmal erfolgter Aussaat von Faktoren bestimmt wird, die sich dem Einfluß des Menschen weitgehend entziehen, würde eine Einschränkung der Produktion auf kurze und mittlere Frist wegen des hohen Anteils der fixen Kapitalkosten an den Gesamtkosten die Kostensituation wesentlich verschlechtern[13]."

Der Bergbau hinwiederum könnte seine Produktion zwar leichter einschränken oder ausdehnen, jedoch ist er mit so hohen fixen Kosten belastet, daß eine Minderproduktion eine erhebliche Kostenprogression bedeutet. Daher wird auch bei starkem Absatzrückgang der Abbau nur wenig gedrosselt werden[14].

---
[13] Kruse, Alfred: a. a. O., S. 484.
[14] Vgl. Kruse, Alfred: a. a. O., S. 484/485.

II. Die Bedeutung der Art freie Wechselkurse einführender Länder

Die Erzeugung von Nahrungsmitteln und Rohstoffen ist also weniger leicht den veränderten Marktverhältnissen anzupassen als das bei den Produkten der hochentwickelten Industrieländer möglich ist. Vorräte und Handel können dem nur begrenzt Abhilfe schaffen, da die Lagerkosten sehr hoch sind und viele Produkte auch nur eine beschränkte Lagerfähigkeit haben. Das bedeutet, daß bei Industrieländern eine schnellere Reaktion der Exportgüterproduktion auf evtl. Wechselkursänderungen erfolgt. Das hat wiederum zur Folge, daß die Wechselkursschwankungen einen geringeren Umfang annehmen als bei einer langsameren Reaktion der Exportgüterproduktion, denn eine rechtzeitige Vergrößerung der Exporte bei sinkendem Wechselkurs[15] bremst dessen Abwärtsbewegung, und eine rechtzeitige Einschränkung der Exporte bei gestiegenem Wechselkurs dämpft dessen Aufwärtsbewegung.

Zum anderen wird sich bei Industrieländern auch die Vielzahl der Produkte, die exportiert und importiert werden, günstig auswirken. Im Verhältnis zu den Agrarländern, von Monokulturländern ganz zu schweigen, ist die Zahl der Güter, aus denen sich der Gesamtexport des Landes zusammensetzt, in der Regel bei Industrieländern wesentlich größer. Ein moderner Industriestaat hat meist trotz Spezialisierungstendenzen immer noch ein sehr differenziertes Exportprogramm. Andererseits bedingt der hohe Lebensstandard in diesen Ländern und die mannigfachen Bedürfnisse der vielen Industriezweige an Rohstoffen und Halbfabrikation ein ebenso vielgestaltiges Importprogramm. Es wird also ebenfalls eine Vielzahl von Gütern importiert, mehr als dies im Durchschnitt bei Agrar- und Rohstoffländern der Fall ist.

Das bedeutet, daß auch aus diesem Grunde das Angebot von Exportgütern und die Nachfrage nach Importgütern elastischer ist, denn je mehr Güter exportiert werden, desto eher kann einmal auf die Ausfuhr einiger Güter (wenigstens zum Teil) verzichtet werden, jedenfalls eher, als wenn nur eines oder nur einige wenige den Export des Landes darstellen. Ebenso kann bei der umfangreichen Anzahl von Importgütern eher auf einige (wenigstens zum Teil) verzichtet werden, als wenn der Import mehr nur aus unbedingt notwendigen Gütern besteht. Selbstverständlich muß dieser Vorgang für Industrieländer nicht schmerzlos sein. Es kann aber nicht geleugnet werden, daß diese Länder tendenziell eher die Möglichkeit haben, wegen der Vielzahl ihrer Export- und Importprodukte, Einschränkungen und Ausdehnungen des Gesamtexportes bzw. -importes durchzuführen als Agrar- und Rohstoffländer.

Außerdem ist noch folgendes zu beachten: Sollte einmal ein Gut aus irgendeinem Grunde nur noch in weit geringerem Umfang exportiert werden können, vielleicht weil dessen Preis auf dem Weltmarkt stark

---

[15] Man denke an unsere Definition des Wechselkurses.

gesunken ist, so ist es bei Industriestaaten aus den eben erörterten Gründen eher möglich, daß ein anderes Gut diesen Exportrückgang ausgleicht. Somit kann ein Zahlungsbilanzdefizit bzw. eine ihm entsprechende Wechselkursänderung eher verhindert werden, als wenn es sich um ein Agrarland mit einer geringeren Anzahl von Exportprodukten oder gar um ein Monokulturland handelt. So ist also auch aus diesen Gründen bei Industrieländern eine größere Elastizität des Angebots von Exportprodukten und der Nachfrage nach Importprodukten gegeben, mit der Folge, daß sowohl die Export- als auch die Importseite schneller und besser auf Wechselkursschwankungen reagiert. Hierdurch wird eine dämpfende Wirkung auf evtl. Wechselkursschwankungen ausgeübt.

Schließlich ist, wenn es sich bei dem zum freien Wechselkurs übergehenden Land um einen Industriestaat handelt, noch etwas Weiteres zu beachten: Ein hochentwickeltes Industrieland wird eher ein kapitalreiches als ein kapitalarmes Land sein. Sein Volkseinkommen pro Kopf wird in der Regel über dem der Agrar- und Rohstoffländer liegen. Das bedeutet, daß ein Industrieland tendenziell ein Kapitalexportland sein wird. So wird also, zumindest über längere Zeitspannen hinweg, der Kapitalhinausstrom den Kapitalhereinstrom, hauptsächlich aus Zinsen und Amortisationen bestehend, überwiegen (insbesondere wird dies natürlich bei werdenden Gläubigerländern der Fall sein). Auf diese Weise wird das Angebot an inländischen Währungseinheiten und die Nachfrage nach ausländischen Währungseinheiten oft größer sein als die Nachfrage nach inländischen und das Angebot an ausländischen Währungsmitteln. Aus diesem Vorgang, der sehr viel wahrscheinlicher ist als sein Gegenteil, ist die Schlußfolgerung zu ziehen, daß sich der Wechselkurs bei Industrieländern eher auf einer relativ niedrigen Höhe einspielen wird als auf einem relativ hohen Niveau[16]. Das ist für die Industrieländer ein sehr günstiger Umstand, denn ihre umfangreiche Exportindustrie wird aus diesem Grunde auch bei Einführung freier Wechselkurse sehr viel weniger leicht in Schwierigkeiten kommen als dies oft von den Gegnern freier Wechselkurse behauptet wird. Zwar werden sich die terms of trade dabei etwas verschlechtern, jedoch dürfte der Vorteil, den niedrige Wechselkurse für die Exportindustrie haben, diesen Nachteil überwiegen[17].

2. Übergang zu freien Wechselkursen durch Agrar- und Rohstoffländer

Wir wollen uns nun noch mit den evtl. besonderen Auswirkungen der Einführung freier Wechselkurse befassen, die zu beachten sind,

---
[16] Vgl. z. B. Zänker, Alfred: Flexible Wechselkurse — Beispiel Kanada, Frankfurter Allgemeine Zeitung vom 1. 7. 1961.
[17] Vgl. auch Lipfert, Helmut: Devisenhandel, Frankfurt a. M. 1958, S. 191.

II. Die Bedeutung der Art freie Wechselkurse einführender Länder

falls es sich bei den zu einem anderen Wechselkurssystem übergehenden Ländern um Agrar- oder Rohstoffländer handelt. Zu dieser Gruppe gehören auch die Monokulturländer, deren Export also (hauptsächlich) nur aus einem Produkt besteht. Sie weisen gegenüber den sonstigen Agrar- und Rohstoffländern keine Besonderheiten auf bis auf die eine, daß die sich bemerkbar machenden Auswirkungen bei ihnen in verstärktem Maße zu beobachten sind, also gleichsam in potenzierter Form auftreten.

Als erstes ist zu bemerken, daß Agrar- und Rohstoffländer eher Kapitalimport- als Kapitalexportländer sein werden. Die Kapitalbildung pro Kopf wird in diesen Ländern geringer als in Industrieländern sein, die lohnende Anlagemöglichkeit von Kapital wegen noch unausgenutzter Rohstoffvorkommen und nur verhältnismäßig spärlich entwickelter Industrie dagegen sehr viel größer. Als Folge davon wird der Kapitalhereinstrom höchstwahrscheinlich den Kapitalherausstrom für lange Zeit überwiegen. Das bedeutet wiederum, daß die Nachfrage nach inländischen Zahlungsmitteln tendenziell größer sein wird als das Angebot. Der Wechselkurs wird sich also eher auf einem relativ hohen als auf einem relativ niedrigen Niveau einspielen. Dieser Vorgang ist auch in der Tat beim Übergang Kanadas zum freien Wechselkurs zu beobachten gewesen[18], und Kanada gehört ohne Zweifel eher in die Gruppe der Agrar- und Rohstoffländer als in die der Industrieländer. Der Kapitalzustrom, der in Kanada auch schon vor dem Übergang zum freien Wechselkurs zu verzeichnen war, zu dieser Zeit allerdings zum großen Teil spekulativen Charakter hatte[19], hielt auch danach weiter an, nun aber überwiegend der Ausbeutung der Naturschätze Kanadas und dem Aufbau seiner Industrie dienend[20]. Die Tatsache, daß sich die Wechselkurse bei Agrar- und Rohstoffländern also eher auf einem etwas höheren als auf einem niedrigeren Niveau einspielen werden, wodurch die Exportindustrien in Schwierigkeiten kommen können, ist aber nicht so schwerwiegend. Der Bedarf an Rohstoffen und Nahrungsmitteln wird auf lange Sicht gesehen noch gewaltig steigen[21], so daß diese Länder wohl kaum in ernsthafte Exportschwierigkeiten kommen werden, solange sie ihre Exportanstrengungen hauptsächlich auf diejenigen Produkte richten, bei denen sie dank ihrer naturgegebenen Vorteile auch auf dem Weltmarkt konkurrenzfähig sind.

Bei Agrarländern, und dabei insbesondere wieder bei Monokulturländern, besteht ferner besonders leicht die Möglichkeit, daß sich die

---
[18] Vgl. z. B. Harden, Josef: Kanada bleibt bei flexiblen Wechselkursen, Der Volkswirt 1961, Heft 26, S. 1229, und Jungmann, Heinz: a. a. O., S. 38 ff.
[19] Vgl. Jungmann, Heinz: a. a. O., S. 26.
[20] Vgl. Jungmann, Heinz: a. a. O., S. 40.
[21] Man sucht ja bekanntlich heute bereits nach Auswegen, falls die Erde einmal die auf ihr lebenden Menschenmassen nicht mehr ernähren kann.

Wechselkurse in saisonalem Rhythmus ändern. Das kommt daher, daß die Zeit der Ernte auch eine Zeit erhöhten Exportes sein wird. Die Exporterlöse werden also jahreszeitlich unterschiedlich sein, was eine unterschiedliche Nachfrage nach einheimischen Währungseinheiten bedeutet, und so Veränderungen des Wechselkurses bewirkt werden können. Da man das aber in kurzer Zeit, belehrt durch Erfahrungen, vorher in etwa weiß, kann man diese Schwankungen durch zeitliche Verschiebungen der Transferierung der Exporterlöse und Importbezahlungen und mit Hilfe der Spekulation weitgehend mildern. Die noch bestehenbleibenden jahreszeitlichen Schwankungen des Wechselkurses dürften kaum ein Schwierigkeiten bereitendes Ausmaß annehmen.

Agrar- und Rohstoffländer, insbesondere wenn es sich um Monokulturländer handelt, sind weit konjunkturanfälliger als Industrieländer. Schon ein verhältnismäßig geringer Nachfragerückgang nach ihren Exportprodukten läßt deren Preise überproportional sinken, die Folge einer geringen Preiselastizität der Nachfrage[22]. Umgekehrt ist der Vorgang bei einem Wiederaufschwung der Konjunktur. Exporterlöse und Volkseinkommen dieser Länder sind also unverhältnismäßig großen Schwankungen ausgesetzt. Da nun aber dennoch nicht jegliche Preiselastizität verlorengegangen ist, wird die Einführung freier Wechselkurse für diese Länder eine Milderung der Schwankungen des Volkseinkommens bewirken.

Nehmen wir an, Weltmarktpreis und Nachfrage nach dem Exportprodukt eines Monokulturlandes seien gesunken. Die Exporte werden also tendenziell zurückgehen. Verringerter Export und gesunkene Preise werden die Exporterlöse stark abnehmen lassen. Dadurch vermindert sich die Nachfrage nach inländischen Zahlungsmitteln erheblich, der Wechselkurs wird merklich sinken. Das bedeutet eine ebenso merkliche Verbilligung des Exportgutes für das Ausland. Da eine völlige Unelastizität der Nachfrage ebenfalls sehr unwahrscheinlich ist, wird dieser Vorgang der Wechselkursänderung die Exporte in gewissem Umfang wieder vergrößern. Auch hier ist wiederum zu sagen, daß sich die terms of trade dadurch zwar verschlechtern würden, der Vorteil jedoch, den niedrige Wechselkurse für die Exportindustrie haben, diesen Nachteil überwiegen dürfte. Das Vokseinkommen wird also in jedem Falle weniger stark sinken als dies bei Vorliegen von festen Wechselkursen der Fall wäre. Ebenso werden durch das Absinken des Wechselkurses die Importe gedrosselt, was eine Verminderung des tendenziellen Zahlungsbilanzdefizits bedeutet. Im umgekehrten Falle wird ein hoher Weltmarktpreis, der ja eine gestiegene Nachfrage bedeutet, trotz aller Preisunelastizitäten den Export in gewissem Umfange erweitern. Die steigenden Exporterlöse werden die Nachfrage nach ein-

---

[22] Vgl. Kruse, Alfred: a. a. O., S. 430.

II. Die Bedeutung der Art freie Wechselkurse einführender Länder 83

heimischen Zahlungsmitteln vergrößern und so den Wechselkurs in die Höhe treiben. Das hat zur Folge, daß die Exporte gedämpft und die Importe angeregt werden, was wiederum eine Erleichterung des Zahlungsbilanzausgleichs bedeutet.

Die Hauptsache aber ist, daß die freien Wechselkurse im Vergleich zu den festen Wechselkursen die gefürchteten Schwankungen des Volkseinkommens der Agrar- und Rohstoffländer dämpfen und sowohl den Fall als auch den Anstieg bremsen. Im Interesse eines organischen Wachstums der Volkswirtschaft ist solche ausgleichende Wirkung ohne Zweifel positiv zu bewerten, auch wenn auf diese Weise auf dem Barometer des Volkseinkommens ebenfalls die Ausschläge nach oben gedämpft werden.

In der Literatur wird des öfteren darauf hingewiesen, daß bei Agrar- und Rohstoffländern die Gefahr einer solch geringen Preiselastizität, sei es die der Nachfrage oder die des Angebots, gegeben sei[23], daß man also praktisch von einer völligen Preisunelastizität sprechen könne. Das hat zur Folge, daß man mit Preisänderungen die abzusetzende Menge nicht beeinflussen kann, wie es im vorhergehenden Absatz vorausgesetzt worden war. Aber auch in diesem Falle werden bei Übergang zum freien Wechselkurs die Schwankungen des Volkseinkommens geringer sein, als wenn man den festen Wechselkurs beibehalten hätte. Dies soll an einem Beispiel erläutert werden. Es handele sich um ein Monokulturland, dessen Export nur aus einem einzigen Produkt bestehe. Das entspricht zwar nicht ganz der Wirklichkeit, jedoch soll es sich hier nur um einen theoretischen Modellfall handeln, an dem gewisse Auswirkungen auf diese Weise deutlicher gezeigt werden können. Es kommt hierbei nur darauf an, *Tendenzen* aufzuzeigen, nicht, ein genaues Abbild der Wirklichkeit zu geben.

Angenommen sei der extreme Fall, daß durch eine Preissenkung keine Tonne mehr abgesetzt werden könne[24]. Unabhängig vom Weltmarktpreis exportiere das Monokulturland also monatlich 100 000 t eines bestimmten Produktes. Der Weltmarktpreis sinke aus irgend-

---

[23] Vgl. z. B. Kruse, Alfred: a. a. O., S. 430 f. und S. 615 f.
[24] Im Falle einer Preissteigerung dann aber auch keine Tonne weniger. Das ist nur logisch, denn wenn eine Nachfrage nicht auf Preissenkungen reagiert, darf nicht vorausgesetzt werden, daß sie dies bei Preiserhöhungen tut, denn die Preiserhöhung eines Landes bedeutet eine relative Preissenkung eines anderen. Wandert nun die Nachfrage bei einer Preiserhöhung zu einem anderen Land ab, würde sie also doch auf eine Preissenkung (nämlich auf die „relative" des anderen Landes) reagieren, was wir ja ausdrücklich ausgeschlossen haben. Hat das Exportland dagegen eine Monopolstellung, so daß man unterstellen könnte, daß das Exportgut nicht lebenswichtig ist und die Konsumenten daher bei Preissteigerungen weniger davon verbrauchen würden, so muß daraus also folgen, wenn man logisch nicht inkonsequent sein will, daß bei Preissenkungen der Verbrauch wieder steigen muß. Die Nachfrage wäre demnach also doch preiselastisch.

einem Grunde von 2 Dollar je Tonne auf 1 Dollar. Die verringerten Exporterlöse lassen die Nachfrage nach einheimischer Währung und damit den Wechselkurs sinken. Bei einer gewissen Preiselastizität der Nachfrage hatten wir im vorigen Absatz gefolgert, daß die Verbilligung des Produktes durch den gesunkenen Wechselkurs eine Exportanregung bedeute. Im vorliegenden Falle haben wir jedoch völlige Preisunelastizität unterstellt, d. h. die abzusetzende Menge kann nicht vergrößert werden. Es werden nach wie vor nur 100 000 t pro Monat verkauft. Der Exporterlös ist also von 200 000 Dollar auf 100 000 Dollar zurückgegangen.

Wie erörtert, hat sich aber dadurch der Wechselkurs verschlechtert. Unterstellen wir, um mit möglichst einfachen Zahlen zu rechnen, eine Verschlechterung von 1 : 4 auf 1 : 5. Früher bekam man also für 1 Dollar 4 einheimische, heute 5 einheimische Währungseinheiten. Der Exporterlös ist also von 800 000 einheimischen Währungseinheiten (200 000 Dollar Exporterlös bei einem Wechselkurs von 1 : 4) bei Vorliegen eines freien Wechselkurses auf 500 000 (100 000 Dollar Exporterlös bei einem Wechselkurs 1 : 5) zurückgegangen. Bei einem festen Wechselkurs wäre der Exporterlös dagegen unter den vorliegenden Umständen auf 400 000 einheimische Währungseinheiten zurückgegangen. Der Exporterlös und damit das Volkseinkommen in einheimischer Währung sinken bei Vorliegen freier Wechselkurse also weniger stark als bei festen, auch wenn der ungünstige Fall völliger Preisunelastizität unterstellt wird. Im umgekehrten Falle einer Preiserhöhung auf dem Weltmarkt bremst der steigende Wechselkurs natürlich auf die gleiche Weise das Ansteigen der Exporterlöse, was aber vom Vorteil einer weniger starken Abnahme des Volkseinkommens in Krisenzeiten übertroffen wird.

Aber auch wenn der im letzten Absatz geschilderte Rückgang des Weltmarktpreises die Folge eines Nachfragerückganges ist, d. h., daß zu gefallenem Preis auch noch weniger als vorher abgesetzt wird, bleiben die dämpfenden Wirkungen, die freie Wechselkurse auf das Schwanken des Volkseinkommens ausüben, erhalten. Diese Schwankungen werden stets geringer sein, als wenn ein System fester Wechselkurse vorläge.

Die hier zuletzt dargelegte Auswirkung der Einführung freier Wechselkurse für Agrar- und Rohstoffländer trifft natürlich auch für den im vorgehenden Absatz behandelten Fall des Vorliegens einer gewissen Preiselastizität zu. In diesem Falle wirken freie Wechselkurse bei Preisverfall auf den Weltmärkten also doppelt positiv. Einmal verbilligt die Wechselkurssenkung die Produkte für das Ausland, was wenigstens eine geringe Exportzunahme bzw. eine etwas verringerte Exportabnahme im Vergleich zur gleichen Situation bei festen Wechsel-

III. Die Art und Weise der Einführung freier Wechselkurse

kursen bedeutet. Zum anderen sinkt durch den verschlechterten Wechselkurs der Exporterlös in einheimischer Währung weniger stark als wenn feste Wechselkurse vorlägen.

Falls aus den eben geschilderten Gründen Wechselkursschwankungen bei Agrar- und Rohstoffländern vorkommen sollten, werden ihre vorteilhaften Auswirkungen ihre evtl. negativen übertreffen. Welches Ausmaß sie annehmen werden, ist im voraus nicht mit Sicherheit zu sagen, bestimmt aber kein solches, das destruktive Auswirkungen zur Folge hätte. Die hier erfolgten Untersuchungen haben zu solchen Folgerungen keinerlei Anlaß gegeben.

III. Auswirkungen, die von der Art und Weise der Einführung freier Wechselkurse abhängig sind

Die Einführung freier Wechselkurse kann auf verschiedene Art und Weise geschehen. Man kann schlagartig das Wechselkurssystem ändern, wie es z. B. Kanada getan hat. Man kann aber auch als Übergangsstadium eine Zeitlang begrenzt schwankende Wechselkurse verwenden, und man kann Wechselkurse mit einer ständig wachsenden Bandbreite einführen und so kontinuierlich von festen zu freien Wechselkursen überleiten. Diese drei Möglichkeiten der Einführung freier Wechselkurse sollen nun in den folgenden Abschnitten untersucht werden.

1. Zeitweilige Einführung begrenzt schwankender Wechselkurse

Die Untersuchung der Vor- und Nachteile begrenzt schwankender Wechselkurse[25] zu Beginn dieser Arbeit hatte ergeben, daß diese Wechselkursform nur als zeitweilige Übergangslösung Verwendung finden könne. Im Gegensatz zu manchen Vorschlägen in der Literatur[26] sollte die Bandbreite aber doch nicht zu groß gewählt werden, falls man sich für diesen Weg der Einführung freier Wechselkurse entscheiden sollte. Da Zentralnotenbank oder Währungsausgleichsfonds bei dieser Wechselkursform nur intervenieren, falls sich der Kurs den Schwankungsgrenzen nähert, ist die Gefahr gegeben, daß der Wechselkurs sehr stark zwischen den Interventionspunkten schwankt. Am oberen Interventionspunkt kann man getrost auf ein Sinken des Wechselkurses spekulieren, schlimmstenfalls wird er in der augenblicklichen Lage verharren, keinesfalls aber steigen. Andererseits kann man am unteren Interventionspunkt ziemlich gefahrlos auf ein Steigen des Wechselkurses

---

[25] Als begrenzt schwankenden Wechselkurs hatten wir Wechselkurse mit einer größeren Bandbreite als ± 2 % definiert.
[26] z. B. Lutz, Friedrich A.: So wirken flexible Wechselkurse, in: Die Aussprache, 1957, Heft 10, S. 314.

spekulieren. Wechselkursschwankungen werden daher wahrscheinlich unter sonst gleichen Umständen bei begrenzt schwankenden Wechselkursen größer sein als bei freien. Aus diesem Grunde genügt schon eine relativ geringe Bandbreite, um die Verhältnisse bei freien Wechselkursen zu „simulieren", d. h. die Wirtschaft an evtl. Kursschwankungen zu gewöhnen.

Andererseits verhindert die relativ enge Bandbreite ein allzu großes und gefährliches Schwanken der Wechselkurse. Auch ist die Tatsache, daß der Wechselkurs bei einer geringen Bandbreite verhältnismäßig schnell an einen Interventionspunkt kommen kann, die Notenbank diesen Kurs dann nach einer Richtung hin verteidigen muß und man so also praktisch wieder einen festen Kurs hat, nicht sehr schwerwiegend. Die Notenbank wird auch in dieser Situation durch die Spekulation kaum zu einer Vergrößerung der Bandbreite gezwungen werden können, da es, im Gegensatz zu festen Wechselkursen, immerhin auch in diesen Fällen leichter möglich ist, daß sich der Kurs doch einmal, da durch keinerlei institutionelle Hemmnisse gehindert, in die entgegengesetzte Richtung bewegt. Zumindest ist man nie ganz sicher, ob er es nicht doch einmal tun könnte, ein sehr wichtiger Unterschied im Vergleich zur gleichen Situation bei festen Wechselkursen.

Entschließt man sich also für den Weg über den begrenzt schwankenden Wechselkurs, so darf man erstens keine allzu große Bandbreite und zweitens keine allzu lange Zeitspanne für diese Übergangslösung wählen. Diese Lösung zeitweilig begrenzt schwankender Wechselkurse hat den Vorteil, daß sich bei der späteren nochmaligen Änderung des Wechselkurssystems, nämlich dem Übergang zum freien Wechselkurs, die Wirtschaft und die Spekulation bereits an Schwankungen des Wechselkurses gewöhnt haben. Diese Vorgänge entbehren dann also der Verwirrung auslösenden Unsicherheit, welche die Einführung eines neuen Wechselkurssystems mit sich bringen kann.

2. Allmähliche ständige Erweiterung der Bandbreite

Eine weitere Möglichkeit der Art und Weise der Einführung freier Wechselkurse wäre die Einführung begrenzt schwankender Wechselkurse mit stufenweise zu vergrößernder Bandbreite. Die Bandbreite dürfte also auch in diesem Falle zunächst nicht allzu groß sein. Hat sich nach einiger Zeit die Wirtschaft an die veränderten Verhältnisse gewöhnt, wird man die Bandbreite erweitern, wiederum die Reaktion aller Betroffenen abwarten und dann die nächste Erweiterung der Bandbreite vornehmen, so lange, bis auf jegliches Festlegen einer Bandbreite verzichtet werden kann. Bei dieser stufenweisen Erweiterung der Bandbreite ist darauf zu achten, daß jeder weitere Schritt erst dann

III. Die Art und Weise der Einführung freier Wechselkurse

zu folgen hätte, „wenn sich im Bereich des Güter-, Dienstleistungs- und Kapitalverkehrs die Anpassungsvorgänge aus der voraufgegangenen Wechselkursänderung im wesentlichen vollzogen haben — wie überhaupt stets so vorsichtig vorgegangen werden sollte, daß ernste Erschütterungen nach menschlichem Ermessen vermieden werden[27]."

Diese Methode will also auf besonders vorsichtige Art und Weise die Einführung freier Wechselkurse vornehmen. Ob sie aber der schlagartigen Einführung freier Wechselkurse überlegen ist, dürfte sehr die Frage sein. Die Einführung einer Bandbreite macht, wie bereits im vorigen Abschnitt festgestellt, das Schwanken des Wechselkurses sehr wahrscheinlich. Ob diese Schwankungen aufhören, wenn sich die oben erwähnten Anpassungsvorgänge im Bereich des Güter-, Dienstleistungs- und Kapitalverkehrs vollzogen haben, kann im voraus kaum gesagt werden. Vergrößert man nun die Bandbreite, so kann sich aus den im vorigen Abschnitt behandelten Gründen das Schwanken des Wechselkurses verstärken, bzw., wenn es inzwischen abgeklungen war, in verstärktem Maße neu einstellen. Es ist also keinesfalls sicher, ob diese Methode, die den Übergang zum freien Wechselkurs besonders behutsam vornehmen will, dies in der Tat auch erreicht. Zumindest kann es im voraus nicht mit Sicherheit angenommen werden.

3. Sofortige völlige Freigabe des Wechselkurses

Bei dieser Methode geht man ohne Zwischenstufe, von einem Tag zum anderen, vom System fester Wechselkurse auf das freier Wechselkurse über. Dieser abrupte Übergang erweckt leicht den Anschein des Eingehens eines großen Risikos durch die ungewohnte Konfrontation der Wirtschaft mit freien Wechselkursen, die heftige Wechselkursschwankungen nach sich ziehen könnte. So gefährlich, wie es zunächst den Anschein hat, ist dieser Weg aber gar nicht. Gewiß kann durch den plötzlichen Übergang mancherlei Unruhe ausgelöst werden, aber gerade der jegliche Verzicht auf Verteidigung einer bestimmten Wechselkurshöhe nimmt der Spekulation einen wichtigen Anhaltspunkt zum Betreiben einseitiger Spekulationen. Der Spekulation, die hauptsächlich gefährlich werden könnte (fundamentale Wechselkursänderungen über längere Zeitspannen hinweg werden erst allmählich eintreten), wird eher als bei den beiden anderen Methoden des Überganges zum freien Wechselkurs eine Gegenspekulation gegenüberstehen, die ein Dämpfen der Wechselkursschwankungen zur Folge hat.

Weiterhin werden bei diesem Weg auch die Notenbank oder der Währungsausgleichsfonds bestrebt sein, sich zwar nicht gegen den längerfristigen Trend einer Wechselkursänderung zu stemmen, so doch

---
[27] Hoffmann, Walter: Der dritte Weg, in: „Die Zeit" vom 4. 11. 1960.

aber die kurzfristigeren Wechselkursschwankungen auszugleichen. Schließlich darf nicht übersehen werden, daß selbst wenn wirklich eine zeitweilige Unruhe durch den plötzlichen Übergang zum freien Wechselkurs ausgelöst wird, diese kaum Ursache für große Wechselkursschwankungen sein dürfte. Das ist sehr unwahrscheinlich, denn wie sollte eine verzweigte Spekulation ohne besondere Anhaltspunkte heute den Wechselkurs in die Höhe treiben, morgen ihn in die Tiefe stoßen, übermorgen ihn wieder emporreißen und so das Spiel forttreiben? Das ist schon technisch kaum möglich, da die Spekulation nicht in einer Hand konzentriert ist.

So hatte auch Kanada z. B. den Weg des schlagartigen Überganges zum freien Wechselkurs gewählt und war keineswegs damit in Schwierigkeiten geraten. Die Wahrscheinlichkeit, daß diese Art und Weise der Einführung freier Wechselkurse ohne gefährliche Erschütterungen vor sich geht, ist so groß, daß dieser Weg am ehesten eingeschlagen werden sollte.

D. Der freie Wechselkurs
ein Weg zur Herbeiführung einer optimalen
internationalen Arbeitsteilung

Das internationale Währungs- und Wechselkurssystem ist nicht um seiner selbst willen geschaffen, sondern dient dem Ziel einer möglichst weitgehenden internationalen Arbeitsteilung[1]. Wie die Arbeitsteilung im Rahmen der Nationalwirtschaft so ist auch die Arbeitsteilung im Rahmen der Weltwirtschaft eine Grundvoraussetzung für den Wohlstand der Völker. Erst die Arbeitsteilung, und besonders auch die internationale, ermöglicht eine maximale Ausnutzung aller Produktionsmöglichkeiten und läßt deren Ergebnisse dem einzelnen Konsumenten zukommen. Das bedeutet, daß durch die Arbeitsteilung die Produktivität und damit der Lebensstandard verbessert wird. „Die produktivitätssteigernde Wirkung der Arbeitsteilung beruht auf der Ausnutzung der Verschiedenartigkeit von Kenntnissen und Fähigkeiten sowie der zur Verfügung stehenden Rohstoffe, Arbeitsmittel und sonstigen Arbeitsbedingungen bei den einzelnen Wirtschaftssubjekten[2]." Die internationale Arbeitsteilung ermöglicht es somit, daß die Produktion am günstigsten Standort erfolgt, was eine optimale Versorgung aller Länder bedeutet[3].

Zu den Aufgaben des Wechselkurses gehört es nun, diese internationale Arbeitsteilung zu ermöglichen und zu fördern. Da jede Nationalwirtschaft eine eigene Währung hat, muß ein „Scharnier"[4] vorhanden sein, das die einzelnen Währungen miteinander verbindet, das den internationalen Handel, die internationale Arbeitsteilung überhaupt erst möglich macht. Dieses Scharnier stellen die Wechselkurse dar, die ihre Aufgabe gut aber auch weniger gut erfüllen können. So hatte sich die Goldwährung „... bis zum Ersten Weltkrieg in hohem Grade bewährt und entscheidend dazu beigetragen, daß die internationale Arbeitsteilung ein bis dahin ungeahntes Ausmaß annehmen konnte"[5].

Nun existiert aber die Goldwährung nicht mehr, und wir haben unter den gegebenen Bedingungen nur die Wahl zwischen metallfreien Wäh-

---

[1] Vgl. Becker, Wolf-Dieter: a. a. O.
[2] von Erffa, Dagmar: a. a. O., S. 16, Stichwort „Arbeitsteilung".
[3] Vgl. dazu auch Kruse, Alfred: a. a. O., S. 53 ff., wo an einem theoretischen Modell nachgewiesen wird, daß die Teilnahme einer Nationalwirtschaft am internationalen Handel, an der internationalen Arbeitsteilung, stets einen Wohlstandsgewinn für dieses Land bedeutet.
[4] Rittershausen, Heinrich: Fischer Lexikon Wirtschaft, S. 302.
[5] Kruse, Alfred: a. a. O., S. 199.

rungen mit festen oder freien Wechselkursen. Andere Lösungen sind, wie zu Beginn der Untersuchungen erörtert worden ist, im Augenblick nicht diskutabel. Von diesen beiden zur Diskussion stehenden Wechselkurssystemen dient das System der freien Wechselkurse dem Ziel der Förderung der internationalen Arbeitsteilung aber bei weitem besser als das System der festen Wechselkurse. Freie Wechselkurse verhindern weltweite Krisen, indem sie sowohl das Importieren von Inflationen oder Deflationen verhindern als auch das Entstehen dieser schädlichen Kaufkraftveränderungen der Währungen überhaupt einschränken, da sie einen gewissen Zwang zu einer gesunden Währungs- und Wirtschaftspolitik ausüben. Verhinderung von Krisen bedeutet aber Förderung der internationalen Arbeitsteilung. Freie Wechselkurse ermöglichen Konvertibilität und Liberalisierung des internationalen Handels- und Kapitalverkehrs ohne Verzicht auf eine autonome Konjunktur- und Wirtschaftspolitik. Diese Tatsache ist sehr zu beachten, „denn für einen solchen Verzicht ist eindeutig die Zeit noch nicht reif; ja es erscheint fraglich, ob ein solcher Zeitpunkt in absehbarer Zeit überhaupt einmal am Horizont auftauchen wird"[6].

Freie Wechselkurse erleichtern die internationale Arbeitsteilung, indem sie auch in Krisenzeiten besser funktionieren als feste, indem sie Währungs- und Wirtschaftsordnung gefährdende Ströme spekulativen Kapitals vermindern, indem sie Korrekturen des internationalen Währungssystems erschütterungsfreier als feste Wechselkurse durchführen. Sie dienen der internationalen Arbeitsteilung, indem sie die internationale Liquidität verbessern, da sie einen großen Teil der riesigen Währungsreserven der einzelnen Länder überflüssig machen und der Wirtschaft zuführen. Freie Wechselkurse fördern die internationale Arbeitsteilung, indem sie keine Vorwände für desintegrierende staatliche Interventionen, wie z. B. Importkontrollen oder sogar Devisenzwangsbewirtschaftung, geben. Auch mit der Tatsache des automatischen Zahlungsbilanzausgleichs selbst fördern freie Wechselkurse die internationale Arbeitsteilung. Wenn nämlich, was bei festen Wechselkursen leicht geschehen kann, ein Land einen hohen Devisenüberschuß hat, so herrscht in anderen Ländern Devisenmangel und damit Mangel an Importwaren, was für andere Länder wiederum Exportschwierigkeiten bedeutet. Freie Wechselkurse fördern schließlich auch die internationale Arbeitsteilung, indem sie auf dem Weltmarkt die Höhe der Produktionskosten zum Merkmal der Konkurrenzfähigkeit machen, nicht die Höhe des Wechselkurses, wie es im augenblicklichen System fester Kurse oft der Fall ist.

Aber nicht nur die eben getroffenen Feststellungen sind wichtig, auch noch etwas anderes darf nicht vergessen werden:

---

[6] Becker, Wolf-Dieter, a. a. O.

D. Der freie Wechselkurs und die internationale Arbeitsteilung

Wie in einer freien Marktwirtschaft innerhalb eines Staatsgebietes, so sollten auch bei einem freien Welthandel zwischen den einzelnen Ländern Angebot und Nachfrage den Preis regieren. Da auch der Wechselkurs ein Preis ist, gilt diese Feststellung ebenfalls für ihn. Der sich einspielende Wechselkurs ist von zu vielen Variablen abhängig, von z. T. sich ganz zufällig ergebenden Einflüssen, die letzten Endes im nicht exakt vorausbestimmbaren Verhalten des Menschen liegen. Eine Berechnung dieses Kurses ist daher im voraus nicht möglich — auch nicht mit den größten Elektronengehirnen — ebensowenig, wie die Funktion des Preises durch das Planen in der Planwirtschaft vollgültig ersetzt werden kann. Wie soll eine weitgehend freie Marktwirtschaft funktionsfähig sein, wenn die meisten wirtschaftlichen Daten unveränderlich sind, wenn auch z. T. nur nach einer Seite? Sind Angebot und Nachfrage, Preise einschließlich der Wechselkurse und Löhne, Produktion und Verbrauch frei beweglich und keinen einschränkenden Maßnahmen unterworfen, so brauchen sich die einzelnen Daten nur wenig zu verändern, um einen neuen Gleichgewichtszustand herzustellen. Aus diesem Grunde muß versucht werden, so viele Daten wie nur irgend möglich, dem freien Spiel der Kräfte zu überlassen. Das kann beim Wechselkurs ohne Bedenken geschehen.

Es könnte nun eingewandt werden, daß der hier vorgeschlagene Wechselkurs gar kein freier ist, da die Notenbank oder ein Währungsausgleichsfonds intervenieren könne und sogar auch solle. Trotzdem ist dieser Wechselkurs als frei zu bezeichnen, denn:

1. ist die Notenbank nur eine Marktpartei unter vielen, wenn auch eine starke, und

2. soll sie nur kleine Schwankungen ausgleichen. Muß sie andauernd in der gleichen Richtung intervenieren, so ist dies das Kennzeichen eines fundamentalen Ungleichgewichts, dem sie systemgemäß nachgeben muß. Täte sie es nicht, so läge ein fester Wechselkurs vor. Wir haben daher die Verteidigung einer bestimmten Kurshöhe auch ausdrücklich ausgeschlossen[7].

Ein Ausgleichen kleiner Schwankungen aber ist bedenkenlos als die Freiheit des Wechselkurses nicht beeinflussende Handlung anzusehen.

All den positiven Auswirkungen der freien Wechselkurse auf die internationale Arbeitsteilung und damit den Wohlstand der Völker, kann das System fester Wechselkurse heutzutage nichts besonders vorteilhaftes mehr entgegensetzen. Im Gegenteil! Da es die dynamische Wirtschaft in einen starren Panzer zwängt, da es wirtschaftliche Augenblicksgege-

---

[7] Siehe die Ausführungen über den freien Wechselkurs zu Beginn der Untersuchungen.

92 D. Der freie Wechselkurs und die internationale Arbeitsteilung

benheiten, die nie und nimmer für eine längere Zeitspanne die gleichen bleiben können, einzementiert, muß das System fester Wechselkurse desintegrierend wirken, wird es die internationale Arbeitsteilung nicht fördern, sondern hemmen. Das besagt natürlich nicht, daß diese sich nicht im Laufe der Zeit trotzdem entwickeln kann, nur hat sie es viel schwerer und wird nie denselben Grad wie in einem System freier Wechselkurse erreichen. Nur freie Wechselkurse ermöglichen eine weitgehende Annäherung an die rationellste Ausnutzung der Produktionsfaktoren, nämlich die Produktion am billigsten Standort, denn sie spiegeln die wirtschaftlichen Verhältnisse bei weitem richtiger wider als feste Wechselkurse. Bei einem Vergleich der Systeme fester und freier Wechselkurse kommen wir also zu dem Schluß, daß freie Wechselkurse die Herbeiführung einer optimalen internationalen Arbeitsteilung eher ermöglichen als feste.

Literaturverzeichnis

Bücher und Dissertationen

Aust, Eberhard: Währungsordnung und Zahlungsbilanz im gemeinsamen Markt Europas, Frankfurt/M. 1959.
Birnstiel, Ekkehard: Der Ausgleich der Zahlungsbilanz unter dem Gesichtspunkt des Volkseinkommens und der Beschäftigung, Dissertation Freiburg/Br. 1955.
Böhi, Hans: Grundsätze und Methoden zur Ermittlung der richtigen Währungsrelation zum Ausland, Bern 1944.
Einicke, Helga: Die geld- und währungspolitische Bedeutung des Goldes nach dem zweiten Weltkrieg, Dissertation Marburg 1959.
von Erffa, Dagmar: Wirtschaftslexikon, Frankfurt/Main-Wien 1954.
Hahn, Albert: Wirtschaftswissenschaft des gesunden Menschenverstandes, Frankfurt/Main 1955.
— Autonome Konjunkturpolitik und Wechselkurs-Stabilität, Frankfurt/Main 1957.
Hartung, Rudolf: Die Probleme der Währungskonvertierbarkeit, Berlin 1959.
Jentgen, Jean: Fixe, fluktuierende oder variable Wechselkurse, Dissertation Basel 1954.
Jungmann, Heinz: Die kanadische Wechselkurslösung im September 1950, Dissertation Berlin 1957.
Keynes, J. Maynard: Vom Gelde, München-Leipzig 1932.
Köhler, Claus: Bestimmungsgründe des Wechselkurses und die Antinomie seiner Stabilisierung, Dissertation Berlin 1950.
Krüger, Frank: Voraussetzungen und Maßnahmen zur Herstellung der Konvertibilität der Währung der Bundesrepublik Deutschland, Dissertation Berlin 1957.
Kruse, Alfred: Außenwirtschaft, Berlin 1954.
Küng, Emil: Zahlungsbilanzpolitik, Zürich-Tübingen 1959.
Lipfert, Helmut: Devisenhandel, Frankfurt/Main 1958.
— Nationaler und internationaler Zahlungsverkehr, Wiesbaden 1960.
Lütge, Friedrich: Deutsche Sozial- und Wirtschaftsgeschichte, Berlin-Göttingen-Heidelberg 1960.
Meade, James, E.: Probleme nationaler und internationaler Wirtschaftsordnung, Tübingen-Zürich 1955.
— The Balance of Payments, London-New York-Toronto 1954.
Näser, Hermann: Starre oder bewegliche Wechselkurse? Dissertation Frankfurt/Main 1946.
Palyi, Melchior: Währungen am Scheideweg, Frankfurt/Main 1960.
Reinger, Edwin: Der fluktuierende Wechselkurs des Schweizerfrankens von 1914—1924, Winterthur 1957.
Richter, Bruno: Das Wesen des Wechselkurses, München-Leipzig 1934.

Rittershausen, Heinrich: Internationale Handels- und Devisenpolitik, Frankfurt/Main 1952, 1. Aufl.
— Fischer Lexikon Wirtschaft, Frankfurt/Main 1958.
Robinson, E. A. G.: Economic Consequences of the Size of Nations, London 1960.
Rolph, Earl R.: The Theory of Fiscal Economies, Berkeley-Los Angeles 1956.
Sannwald, Rolf/*Stohler,* J.: Wirtschaftliche Integration, Basel-Tübingen 1958.
Schmassmann, Werner: Die Zahlungsbilanzschwierigkeiten Westeuropas nach dem II. Weltkrieg insbesondere gegenüber den USA, Zürich 1954.
Schneider v. Büren zum Hof: Mehrfache Wechselkurse, Dissertation Freiburg/Br. 1950.
Sohmen, Egon: Flexible Exchange Rates — Theory and Controversy, Chicago 1961.
Spathelf, Werner: Die Durchbrechung der festen Wechselkurse in der modernen Außenhandelspolitik, — Dissertation Mannheim 1953.
Vocke, Wilhelm: Gesundes Geld, Frankfurt/Main 1956.

Aufsätze in Zeitungen, Zeitschriften und Sammelwerken

Ammon, Alfred: Abwertung und Aufwertung oder freie Wechselkursbildung, in: Wirtschaftsfragen der freien Welt, Frankfurt/Main 1957.
Becker, Wolf-Dieter: Aspekte der Wechselkursfrage, in: Industriekurier v. 14. 1. 1961.
Bernhard, Karl: Auf dem Wege zur Konvertierbarkeit, in: Zeitschrift f. d. ges. Kreditwesen, 1953, Heft 10, S. 275 ff.
Besters, Hans: Staatliche Autonomie und internationale Konjunkturpolitik, in: Wirtschaft, Gesellschaft und Kultur, Berlin 1961.
Blanke, Wilhelm: Realistische Wechselkurse, in: Zeitschrift f. d. ges. Kreditwesen, 1953, Heft 1, S. 37 f.
— Über Theorie und Methode der Berechnung von Kaufkraftparitäten, Bremen 1952.
Boßhardt, Alfred: Von der Stabilität zur Flexibilität der Wechselkurse, in: Wirtschaftstheorie und Wirtschaftspolitik, Bern 1953.
Emminger, Otmar: Internationaler Währungsfonds und Wechselkurspolitik, in: Zeitschrift f. d. ges. Kreditwesen, 1957, Heft 18, S. 732 ff.
Haberler, Gottfried: Konvertibilität der Währungen, in: Die Konvertibilität der europäischen Währungen, Zürich-Stuttgart 1954.
Hahn, Albert: Monetäre Integration — Illusion oder Realität? in: Internationale Währungs- und Finanzpolitik, Berlin 1961.
Harden, Josef: Kanada bleibt bei flexiblen Wechselkursen, in: Der Volkswirt, 1961, Heft 26, S. 1227 ff.
Hoffmann, Walter: Der dritte Weg, in: Die Zeit v. 4. 11. 1960.
Korner, Emil: Freier Wechselkurs und richtiges Geld die Heilmittel für jedes Außenhandelsdefizit, in: Schmollers Jahrbuch 1955, Heft 3.
Kruse, Alfred: Internationaler Kredit- und Kapitalverkehr und der Ausgleich der Zahlungsbilanzen, in: Internationale Währungs- und Finanzpolitik, Berlin 1961.
— Konvertibilität bei festen oder flexiblen Wechselkursen? in: Festgabe für Georg Jahn, Berlin 1955.
— Währungspolitik im gemeinsamen Markt, in: Zeitschrift f. d. ges. Kreditwesen, 1957, Heft 21, S. 836.

Linke, Bruno: Zahlungsbilanz, Schuldenregelung und freie Wechselkurse, in: Zeitschrift f. d. ges. Kreditwesen, 1953, Heft 1, S. 31 ff.

Lipfert, Helmut: Der Wechselkurs — Vom Standpunkt des Devisenhandels, in: Zeitschrift f. d. ges. Kreditwesen, 1957, Heft 15, S. 598 ff.

von Loessl, Ottmar: Stabile Mark durch flexible Wechselkurse, in: Die Aussprache, 1957, Heft 10, S. 313.

Lohmann, Heribert/*Lincke*, B.: Kontroverse um die freien Wechselkurse, in: Zeitschrift f. d. ges. Kreditwesen, 1953, Heft 8, S. 209 ff.

Lutz, Friedrich A.: Die Konvertibilitätsdiskussion, in: Die Konvertibilität der europäischen Währungen, Zürich-Stuttgart 1954.

— Rezept Kursflexibilität, in: Zeitschrift f. d. ges. Kreditwesen, 1955, Heft 1, S. 23.

— So wirken flexible Wechselkurse, in: Die Aussprache, 1957, Heft 10, S. 314.

— The Case for Flexible Exchange Rates, in: Banca Nazionale del Lavoro Quarterly Review, Rom 1954.

Machlup, Fritz: Die Pläne zur Reform des internationalen Geldwesens, Kieler Vorträge — Neue Folge, Heft 23, Kiel 1962.

— Internationale Liquidität und internationale Geldschöpfung, in: Frankfurter Allgemeine Zeitung v. 11. 9. 1961.

Meade, James E.: Sterlingkonvertibilität, in: Die Konvertibilität der europäischen Währungen, Zürich-Stuttgart 1954.

Meyer, Fritz, W.: Stabile oder bewegliche Wechselkurse? in: Ordo-Jahrbuch, 4. Bd., Bad Godesberg 1951.

Möller, Hans: Flexible Wechselkurse — ein unrealistisches Rezept, in: Der Volkswirt, 1961, Heft 28, S. 1354 f.

Morgan, Viktor: The Theory of Flexible Exchange Rates, in: The American Economic Review, 1955, S. 279.

Orcutt, Guy H.: Measurement of Price Elasticities in International Trade, in: Review of Economics and Statistics, 1950, Volume 32.

Pedersen, Jørgen: Das Gleichgewicht der Wechselkurse und seine Bestimmungsgründe, Kieler Vorträge, Heft 58, Jena 1939.

Richebächer, Kurt: Der richtige Wechselkurs, in: Der Volkswirt, 1955, Heft 16, S. 19 f.

— Preise und Wechselkurse, in: Der Volkswirt, 1956, Heft 25, S. 11.

— Währungspolitische Abhängigkeit. Starre Wechselkurse können zur inflationistischen Entwicklung führen, in: Der Volkswirt, 1955, Heft 29, S. 12 ff.

Rittershausen, Heinrich: Flexible Devisenkurse oder Setzung und Bindung der Zentralbank? in: Wirtschaft, Gesellschaft und Kultur, Berlin 1961.

Sohmen, Egon: Fixierte Wechselkurse — ein realistisches Rezept? in: Der Volkswirt, 1961, Heft 33, S. 1732 ff.

— Marktwirtschaftliche Wechselkurspolitik, in: Der Volkswirt, 1961, Heft 20, S. 862 ff.

von Stackelberg, Heinrich: Die Theorie des Wechselkurses bei vollständiger Konkurrenz, in: Jahrbücher für Nationalökonomie und Statistik, 161. Bd., 1949.

Tsiang, S. C.: Fluctuating Exchange Rates in Countries with Relatively Stable Economies: Some European Experiences after World War I, in: International Monetary Fund Staff Papers, 7 (1959).

Whittlesey, Charles R.: Gebundene oder ungebundene Wechselkurse, Kieler Vorträge, Heft 46, Jena 1936.

Zänker, Alfred: Flexible Wechselkurse — Beispiel Kanada, in: Frankfurter Allgemeine Zeitung v. 1. 7. 1961.

Periodica sowie Artikel ohne Verfasserangabe aus Zeitungen

First National City Bank of New York: Monthly Economic Letter, August 1962.

International Financial Statistics, Vol. 15, 1962.

Statistisches Jahrbuch für die Bundesrepublik Deuschland, 1962.

United Nations, Statistical Yearbook 1961, Jg. 13, New York 1961.

Chile stoppt Liberalisierung, Deutsche Zeitung mit Wirtschaftszeitung v. 17./18. 3. 62.

Der französische Franc ist begehrt, Deutsche Zeitung mit Wirtschaftszeitung v. 10./11. 3. 62.

Diskussion um flexible Wechselkurse, Deutsche Zeitung mit Wirtschaftszeitung v. 11. 7. 1960.

Funktionsunfähige Devisenterminmärkte, Industriekurier v. 25. 3. 1961.

Kein Konstruktionsfehler im EWA, Deutsche Zeitung mit Wirtschaftszeitung v. 1. 6. 1960.

Printed by Libri Plureos GmbH
in Hamburg, Germany